NOUVELLES
DE
EDMOND ET JULES DE GONCOURT

QUELQUES

CRÉATURES

DE

CE TEMPS

NOUVELLE ÉDITION

PARIS

G. CHARPENTIER, ÉDITEUR

13, RUE DE GRENELLE-SAINT-GERMAIN, 13

1878

Extrait du Catalogue de la BIBLIOTHÈQUE-CHARPENTIER
13, RUE DE GRENELLE-SAINT-GERMAIN, 13. PARIS

PETITE BIBLIOTHÈQUE-CHARPENTIER

FORMAT PETIT IN-32 DE POCHE
Chaque volume est orné d'eaux-fortes par les premiers artistes

Alfred de MUSSET

PREMIÈRES POÉSIES, avec un portrait de l'auteur gravé à l'eau-forte par M. Waltner, d'après le médaillon de David d'Angers, et une eau-forte d'après Bida, par M. Lalauze.. 1 v.

LA CONFESSION D'UN ENFANT DU SIÈCLE, avec un portrait de l'auteur dessiné à la sanguine par Eugène Lami, fac-similé par M. Legenisel, et une eau-forte d'après Bida, par M. Lalauze.. 1 v.

POÉSIES NOUVELLES, avec un portrait de l'auteur, réduction de l'eau-forte de Léopold Flameng, d'après le tableau de Landelle, et une eau-forte de M. Lalauze, d'après Bida.. 1 v.

COMÉDIES ET PROVERBES, tome I, avec un portrait de l'auteur gravé par M. Alphonse Leroy, d'après la lithographie de Gavarni, et une eau-forte de M. Lalauze, d'après Bida... 1 v.

— Tome II, avec un portrait de l'auteur gravé par M. Alphonse Lamothe, d'après le buste de Mezzara, une eau-forte de M. Lalauze, d'après Bida et une eau-forte de M. Abot, représentant le tombeau d'Alfred de Musset.................. 1 v.

— Tome III, avec un portrait de l'auteur gravé par M. Monziès, copie d'une photographie d'après nature, et une eau-forte de M. Lalauze, d'après Bida............. 1 v.

CONTES ET NOUVELLES, avec un portrait de l'auteur gravé par M. Waltner, d'après une aquarelle d'Eugène Lami, faite spécialement pour ce volume, et deux eaux-fortes de M. Lalauze, d'après Bida................................... 1 v.

Prosper MÉRIMÉE

COLOMBA, avec deux dessins de M. J. Worms, gravés à l'eau-forte par M. Champollion... 1

Alphonse DAUDET

CONTES CHOISIS, avec deux eaux-fortes de M. Edmond Morin............. 1 v.

Jules SANDEAU

LE DOCTEUR HERBEAU, avec deux dessins de M. Bastien-Lepage, gravés à l'eau-forte par M. Champollion... 1 v.

Prix du volume, broché... 4 »
Reliure en cuir de Russie ou maroquin.
— coins, tête dorée... 7 »
— 1/2 veau, tranches rouges ou tranches dorées.......................... 6 50

SOUS PRESSE :

THÉOPHILE GAUTIER. — Mademoiselle de Maupin.

Paris. — Imp. E. Capiomont et V. Renault, rue des Poitevins, 6.

QUELQUES

CRÉATURES DE CE TEMPS

ROMANS DES MÊMES AUTEURS

PUBLIÉS DANS LA BIBLIOTHÈQUE-CHARPENTIER

à 3 fr. 50 le volume

GERMINIE LACERTEUX.
MADAME GERVAISAIS.
RENÉE MAUPERIN.
MANETTE SALOMON.
CHARLES DEMAILLY.
SŒUR PHILOMÈNE.
IDÉES ET SENSATIONS.

EDMOND DE GONCOURT

LA FILLE ÉLISA.

Paris. — Imp. E. Capiomont et V. Renault, 6, rue des Poitevins.

NOUVELLES
DE
EDMOND ET JULES DE GONCOURT

QUELQUES
CRÉATURES
DE
CE TEMPS

NOUVELLE ÉDITION

PARIS
G. CHARPENTIER, ÉDITEUR
13, RUE DE GRENELLE-SAINT-GERMAIN, 13

1878
Tous droits réservés.

PRÉFACE

Ce livre, publié à très-petit nombre et épuisé depuis des années, a paru portant sur sa couverture : *Une Voiture de Masques*. Je réédite ce livre aujourd'hui sous un titre qui me semble mieux le nommer.

Ce volume complète l'Œuvre d'imagination des deux frères. Il montre, lors de notre début littéraire, la tendance de nos esprits à déjà introduire dans l'invention la réalité du document humain, à faire entrer dans le roman, un peu de cette histoire individuelle, qui dans l'Histoire, n'a pas d'historien.

EDMOND DE GONCOURT.

Août 1876

VICTOR CHEVASSIER

3 juin 1836. — Je suis arrivé aujourd'hui à la maison. Maman m'avait fait faire un pantalon et un habit noirs. A midi, j'ai été au convoi de mon père. Le cimetière était plein : hommes, femmes et les enfants qu'on traînait par la main, tout le village, et encore des gens de Damblin et de Fresnoy. J'ai eu du réconfort à voir cette foule. — Maman pleure. — Je me suis fait installer un lit dans la bibliothèque. — Mon rêve est fini. Maman est trop âgée, elle a maintenant la tête trop affaiblie et le corps trop malingre, pour que je la laisse toute aux soins d'une servante;

QUELQUES
CRÉATURES DE CE TEMPS

L'ORNEMANISTE P...

Dans un coin, — chez Michéli, — en fouillant, peut-être êtes-vous tombé sur des mauves enroulées? Ce devait être un plat, la guirlande devait courir tout autour; mais ce n'est qu'un morceau, et les derniers bouquets appellent vainement ceux qui devaient suivre. Un tesson, rien qu'un tesson; mais les feuilles incisées et lobées sont d'un rendu si vrai, elles courent en spirales ou s'épanouissent si harmonieusement, elles se joignent, se nouent, se marient et se dénouent d'une si gracieuse façon; il est si heureux et si spirituel ce retour à la flore ornementée du moyen âge, — que les gens du métier vous diront : c'est une œuvre. Cela et un pan de coffre, — encore un fragment, — qu'on a essayé de couler en bronze et dont la fonte n'a pas réussi, — rien ne devait lui réussir, même après sa mort, — est tout ce qu'a laissé, ou à peu près, P...

Les pieds au feu, un grog bien chaud sur la cheminée, à portée de la main, — voilà ce qu'on nous a conté.

L'atelier de P... était rue Notre-Dame-des-Champs, au rez-de-chaussée. Il était divisé en deux compartiments : le premier, — celui où on entrait, — n'était que maquettes, tabourets, ébauches de cire, projets et instruments de travail ; aux murs, une collection de feuilles moulées sur nature et un beau jour du nord, bien net là dedans, — le nécessaire de la vie d'un artiste. Le second compartiment, séparé du premier par une grande draperie et plus petit, était tout garni — à ne pas y jeter une épingle — de petits meubles, de petits objets. C'était moelleux, soyeux et douillet, un vrai nid... et tapissé ! Même au plafond, P... avait mis une tapisserie, — un de ces grands bois où courent des chasseurs en veste Louis XV, une vieille tapisserie harmonisée en ses tons verdâtres, et que P... avait relevée de baguettes dorées. — Là dedans, au fond, était un lit, un bon lit, et une femme, sa maîtresse.

Clou à clou, il lui avait fait ce réduit. Le petit chiffonnier de bois de rose et l'ancienne pendule signée Leroy, tout cela était venu peu à peu, — commande à commande, — sou à sou.

Un des premiers, P... avait compris l'ornementation moderne et ce qu'elle doit être. Comme tous les commençants, exploité d'abord par ces gens arrivés dont la signature est un bon à vue sur le public, il avait vendu un temps ses modèles, — des chefs-d'œuvre, — pour des quinze francs, pour des vingt francs. Puis la confiance lui était venue. Il était allé lui-même aux fabricants. Lampes, flambeaux, vide-poches, serre-papiers, — il ennoblit par de charmantes créations toutes ces choses usuelles qui maintenant sont des objets d'art chez tout le monde, ou à peu près, — faisant de grandes imaginations pour ces petits riens abandonnés de tout goût et de toute grâce depuis bien des années, et toujours pensant aux

Grecs, ce peuple béni des arts, qui mettait jusqu'aux tuiles de ses maisons les arabesques de sa fantaisie.

Entre autres charmants emprunts à la flore, — de deux feuilles de violette il fit une coupe. Les deux feuilles simples, opposées, font le creux de la coupe, et les deux stipules, croisées l'une sur l'autre, forment le pied. Cette coupe a été offerte, nous croyons, à M. le baron Taylor.

Puis il tentait un projet de vase, — un vase épique dont la base était la création du monde. Sur l'ove marchaient les successions de générations; l'histoire de l'humanité se déroulait d'étape en étape, et finissait à une grande figure de la civilisation, debout et couronnant le vase symbolique.

Enhardi, P... songea à se mettre un peu hors de page. Il fit un coffret en forme de châsse. De petites figurines veillaient à chaque angle. Les pieds du coffret disparaissaient sous un fouillis de plantes marines, d'algues et de feuilles lancéolées courant l'une après l'autre, où fourmillaient scarabées, bêtes à bon Dieu, sauterelles émaillées en leur couleur. Le coffret fini, P... alla le porter à madame la duchesse d'Orléans. Madame la duchesse d'Orléans, en qui revivait cette intelligente protection des arts familière à Ferdinand d'Orléans, —accueillit l'artiste et l'offrande. C'est dire que la femme fut gracieuse autant que la princesse fut généreuse.

Vinrent les mauvais jours, les privations, les gênes quotidiennes; puis les caprices de sa maîtresse amenèrent la vraie misère, les dîners incertains, la vie glanée au jour le jour.

P... souffrait depuis quelque temps. D'où? il ne savait. C'était une organisation bien faible et déjà bien éprouvée par la maladie. — Un beau jour, il fit apporter chez lui de la glaise, une grande table, et se mit à modeler avec une assiduité âpre, n'écoutant ni conseils ni fatigue. Il ébauchait un grand Christ en croix de dix-huit pieds de haut.

P... n'avait ni le genre ni l'habitude d'une pareille machine. Il travaillait avec rage, s'emportant après la glaise rebelle, remettant, ôtant, remaniant et revenant, et toujours à faire œuvre de son ébauchoir enfiévré. Le Christ ne venait pas, ne sortait pas. Ses amis haussaient les épaules. Ils ne comprenaient pas que ce Christ était une envie de mourant, et que les artistes ressemblent aux femmes qui, avant de mourir, commencent toujours quelque tapisserie de longue haleine.

P... travailla ainsi une quinzaine de jours, ne quittant son travail que pour manger. Il dînait alors avec des œufs durs.

Un dimanche, — le samedi P... avait eu quelques amis, — c'était le choléra; — on avait ri de lui parce qu'il avait comme la peur du pressentiment; — sur les neuf heures, en rentrant, P... fut pris du choléra. Sa maîtresse était couchée. Comme il sentait l'épidémie en lui, il arracha de dessus la glaise les toiles mouillées, jeta ça par terre et se roula dedans. Les atroces douleurs lui étaient venues; et lui, écartant le rideau de l'autre chambre, les yeux et le visage tendus vers cette femme, lui voulait sourire et lui souriait pour qu'elle ne s'inquiétât pas.

La femme s'endormit.

Le lendemain matin, en entrant, on vit P..., — dont les veines s'étaient cavées dans la nuit,

— toujours une main à lever le rideau, toujours le visage tendu vers la femme.

La femme eut peur ; elle courut emménager chez celui que le mourant appelait son meilleur ami.

P... fut porté à l'hôpital.

Du mort, il ne reste qu'un peu de cire et de plâtre, et le nom de Possot qui vit encore dans la mémoire de quelques amis.

— et elle s'est trop envieillie en cette vie de campagne, et elle a trop vécu en la maison de mon père pour que j'essaye de la tirer d'ici, et que je l'emmène à Nancy. — J'envoie ma démission.

4 juin. — Il fait du soleil. J'ouvre la fenêtre. L'orme du cimetière, plein d'oiseaux, a sa feuillée toute frissonnante. A deux pas de l'orme s'élève un peu de terre fraîchement remuée. — J'ai refermé la fenêtre. Je me suis mis dans mes livres. J'ai retrouvé le Bodin. J'ai vu quelques livres que je ne connaissais pas. J'ai trouvé un Calvin avec la signature de Marie d'Écosse, 1584 : elle était alors en prison. — Il m'a fallu descendre : les fermiers venaient pour renouveler leurs baux. Ils m'ont tenu deux heures. Je les ai fait attabler. Ils m'ont demandé une diminution. Ils disent que le chemin vicinal a tranché sur le terrage aboutissant à la pâture de M. Lourdel, et que c'est un dommage de quatre bichets de blé. Je me suis défendu d'eux le mieux que j'ai pu : mais je crains bien qu'ils n'aient percé mon ignorance, et ils ont dû s'en aller en se disant

qu'ils auraient meilleur marché du fils que du père. — Ils apportaient à maman le beurre de la redevance. Il a fallu fondre le beurre; et puis, on va faire la lessive. Maman a mis tremper tout le linge dans le cuveau de la chambre à four. Tout cela a fait comme une distraction à sa douleur.

20 juin. — On est tout en l'air pour l'élection du maire en remplacement de mon père. Le maître d'école est venu me consulter. Il m'a dit qu'un bon choix ce serait M. Michaux, qui commande les pompiers. — Je ne connais guère personne ici. Bien des vieilles gens, chez qui j'ai joué, sont mortes. Les quelques amis de ma première jeunesse, — André, avec qui je volais des *couèches*, et Robert, qui avait imaginé de mettre des hameçons dans du pain pour pêcher les poules de la mère Langlumé, — et les autres, sont loin finissant leur droit ou leur médecine.

2 juillet. — Je me suis installé tout à fait dans la bibliothèque; je suis là avec mes vieux livres

rustiques et mal vêtus, mais qui me semblent mieux amis pour cela même. Je me mets à ne plus lire, mais à relire. Je me suis retiré en une société petite, mais choisie. — Maman m'a laissé mettre sur la cheminée les terres cuites de Rousseau et de Voltaire, que j'ai achetées à mon voyage à Paris. Il n'y a pas eu moyen d'obtenir qu'elle retirât deux timbales d'argent sur lesquelles sont deux oranges. Elle m'a dit que c'était comme cela du temps de mon père. J'ai sur le chambranle des portes des coloquintes qui sèchent et des lions en bois blanc à crinière farouche. Maman ne peut comprendre combien ces lions et ces coloquintes me sont désagréables.
— Blangin m'a écrit qu'il regrettait d'autant plus vivement ma retraite du *Phare*, qu'il va fonder à Paris un nouveau journal d'opposition, dont il comptait me donner la rédaction en chef. Cette lettre est restée toute la nuit ouverte sur la table autour de laquelle je me promenais. — Après tout, c'est cinq ans, dix ans peut-être d'étude. Ma pensée se trempera aux amertumes de la solitude, et sortira plus aguerrie et plus virile pour la lutte. J'apporterai aux âpres polé-

miques une verve mûrie, et toute une jeunesse condensée et impatiente.

25 juillet. — Allons! il n'y a pas décidément un homme avec lequel on puisse causer. Sortez ces hommes-là du prix des « paires » et des fauchées de pré, ils perdent la pensée. — Rien n'est pour eux en dehors de cela. — Ils mangent bien parce que le gibier et le poisson sont abondants. Ils sont buveurs parce qu'ils sont vignerons. — De ce que je n'ai pas six pieds et le teint rouge, ils me regardent comme poitrinaire. — « Vous allez nous en tuer de ces perdreaux, monsieur Victor, avec les bons fusils de votre père, — m'a dit le père Jansiau en regardant les trois fusils accrochés au manteau de la cheminée. — Je ne chasse pas », lui ai-je dit. Ç'a été un étonnement quand Jansiau leur a dit que je ne chassais pas. — Ils auraient bien envie de me traiter de séminariste, comme j'ai toujours le nez dans mes livres; mais ils savent que j'ai écrit dans les journaux contre le gouvernement, ce qui contribue encore beaucoup à me faire regarder comme quelqu'un d'étrange. — Il faut tout

penser en soi, en cette terre abdéritaine. Pas une oreille digne de vous. — Les petits châtelains des environs sont des paysans de la pire espèce. — Véritablement, je suis comme dans un pays dont je ne saurais pas la langue. Il y a des jours où je me tâte, me demandant si je ne suis pas fou, tant tout ce qui m'entoure a une autre façon de tête que moi. — Après souper, ma mère se met à son orgue portatif, elle en tourne deux ou trois airs, et puis je monte me coucher.

30 juillet. — Les fermiers ont apporté ce matin des poulets maigres. Maman m'a envoyé chercher le bail, et quand elle a vu que je n'y avais pas inséré « dix chapons gras, vifs, emplumés, la queue en faucille », — les reproches ont commencé, et duré du dîner au souper : que je n'avais aucun soin de nos affaires, que ce n'était pas la peine d'avoir un fils qui ne sût pas mettre tout ce qu'il faut dans un bail... — J'ai écrit à Paris pour avoir un portrait d'Armand Carrel.

Septembre. — Cette allée du jardin est tout étroite et longue. Elle a deux pieds de large avec une bordure de buis mangée par place. Elle est garnie de petits cailloux criants. Je vais jusqu'à la porte qui s'ouvre sur la route de l'Ermitage; je reviens au bâtiment de l'écurie; je retourne jusqu'au bout, et toujours ainsi. Je la sais par cœur cette allée droite, et elle est dessinée aussi nettement dans mon cerveau que dans le jardin. — Je ne sais pourquoi je m'y promène, mais je m'y promène à présent toute l'après-dînée; et quand il vient quelqu'un pour me parler et que je suis dans le jardin, maman dit : « Victor ?... il fait du sable. » — Cette allée, et les deux bouts de terrain qui l'accompagnent, ont l'air de trois rubans juxtaposés. D'un côté, des choux, des groseilliers et des carottes; de l'autre, de l'herbe où des pommiers mettent leurs ombres grêles. — Des haies de fagots me séparent à droite du verger de la fabrique de limes; à gauche, du verger des Nantouillet. — Une vingtaine de rosiers régulièrement distancés de vingt pas en vingt pas, comme des sentinelles, sont sur le bord de l'allée, et je pourrais dire, tant je les ai vus de fois, la forme de chacun, et le dessin des bouquets de feuilles, et celui qui a sur son petit tronc une ligature de soie bleue pour une bouture, je pense. — Je sais tout de cette allée, et le banc au bout usé et noirci par la pluie, et la tonnelle auprès des deux cornouillers de l'entrée. Rien n'est monté après cette tonnelle, et elle est là, tendant l'épaule, pour que quelque chose y grimpe. — Un peu de distraction me vient quelquefois du gros poirier de rousselet, où des frelons, grands comme la moitié du doigt, ont installé leur nid, faisant des envolées furieuses. Dans la bande d'herbe, de l'autre côté, je vais voir le réservoir. Entre les pierres de revêtement poussent de petits saules. Quand il fait beau, deux petits poissons viennent jouer à la surface de l'eau. — Je ne puis dire combien cette allée m'irrite et m'ennuie. Elle est inexorable comme une ligne droite. — Par hasard, j'ouvre la porte. Je vais une demi-heure, une heure dans la campagne. Un pays plat à perte de vue, des champs coupés à la règle. Des paysans passent sur des voitures de foin, dormant les yeux ouverts. Puis le cri des roues dans les essieux diminue et finit.

Le paysage est immobile comme un décor, et j'en veux à la campagne de son calme et de son silence. Je prends la fièvre à voir cette nature qui ne me répond rien. — La maison aussi me semble avoir pour moi un méchant sourire, comme une vieille. — La servante, à qui ma mère donne les ordres, ne m'écoute pas quand je lui parle. — Les dindons de la cour courent après moi quand je vais au jardin.

Mars 1837. — L'hiver a été long, froid, pluvieux. J'ai lu. — Le portrait de Carrel est accroché dans ma bibliothèque. Je suis tombé l'autre jour sur ce passage de Plutarque : «... Marcellus fut enterré par ses ennemis qui l'avaient fait mourir. Son sort est grand et glorieux; car l'ennemi qui admire et honore la vertu qu'il redoutait, fait bien plus que l'ami qui témoigne sa reconnaissance à la vertu dont il a reçu des bienfaits. » — Ce portrait est sur le mur du fond. Le soleil l'éclaire en se couchant.

Voilà les huit plus longs jours que j'aie vécu. On a cuit des poires au four. Maman m'a pris la bibliothèque pour les faire sécher sur des claies. Il pleut. Je me tiens en bas, regardant par les carreaux la pluie, et forcé de recevoir qui vient.

A soi la publicité! Chaque matin éveiller Paris avec son idée! Avoir le journal qui fait la parole ailée! Tous les jours battre la charge, renvoyer le sarcasme comme un volant, attaquer, riposter et tenir la France suspendue à sa plume! Donner sa fièvre à ce grand public, l'agiter de sa passion, le pousser à la brèche, à l'ennemi! Se réjouir l'oreille au bruit des flèches barbelées qu'on lance et qui sifflent! Être quelque chose à l'intelligence de tous! La lutte, la lutte quotidienne! Vaincre tout un jour! Se coucher, ses adversaires sabrés! Se montrer brutal comme la logique! Reposer, ne jamais dormir! Répondre aux ennemis qui se démasquent, aux hostilités qui surgissent, aux arguments qui se relayent! Être prêt le jour, être prêt le lendemain, être prêt à toutes les heures de cette vie militante! La guerre de la tête enfin! Oh! les belles fatigues! — Le journal de Blangin est fondé. Le premier numéro, à ce qu'il m'écrit, a fait un certain tapage. J'avais envoyé la carcasse du programme.

L'esprit de maman se dérange, mais sa santé s'améliore. Elle a des absences et semble par moment troublée en sa raison. Elle ne garde sa tête que pour tout ce qui est affaire. Elle me reproche souvent mon humeur casanière. La vieille femme devient de jour en jour plus aigre et plus montée contre ce qu'elle appelle ma paresse et mon insouciance.

Il naît en moi des idées de découragement et de dégoût de la vie. Être ainsi enterré dans un village! Contre cette solitude d'esprit, mon cerveau tiendra-t-il? Il me prend des terreurs de ne pouvoir plus rien quand la liberté me viendra. — J'ai fait le compte de ce que nous possédons, à nous deux maman; avec le petit bois de la Charbonnière, nous avons bien 100 000 fr.; mais au taux de la terre, cela ne rapporte guère que 2000 fr. Il est donc impossible d'aller habiter Paris. Du reste, ma mère ne voudrait jamais y consentir. C'est par moment des vœux impies...

Je me suis désabonné à mon journal. Je ne veux plus rien savoir de ce qui ce passe là-bas.

Maman veut que je me marie. Elle m'a parlé de la fille de Capron, des sœurs Cadet, de la petite Noémi. Je lui ai répondu par un *non* formel.

Nous sommes allés au chef-lieu aujourd'hui.
Au théâtre, maman m'a présenté à M. et madame Langot et à leur fille. Nous avions deux places dans leur loge. Bocage était de passage. Il jouait *Antony*. Au moment où Antony demande une chaise de poste et jette sur la table de l'auberge une bourse sans compter ce qu'il y a dedans, un individu aux premières loges s'est mis à dire tout haut, qu'on n'achetait pas une voiture comme cela; on l'examinait, on la marchandait et l'on comptait son argent. Tout le monde, dans la salle, paraissait du sentiment de l'individu. — M. Langot est un gros homme qui paraît inoffensif. Je n'ai pu tirer de mademoi-

selle Langot que des oui et des non. Elle n'est pas jolie. Elle a l'air doux. Ma mère m'a dit qu'elle chantait au piano, et qu'elle devait avoir deux cent mille francs à la mort de son père. — Au fait, maintenant que ma vie est terminée... Et puis, peut-être, un enfant cela vous rattache-t-il à vivre?

Je me suis marié. Ma femme est nulle. Elle a le cœur sec, le jugement petit et étroit de la province, l'avarice passée dans le sang des familles terriennes. Mon beau-père est vain, braillard, insupportable, poussant l'ignorance au delà du permis, le ridicule au delà du croyable. J'ai eu toutes les peines du monde à le faire revenir sur l'idée qu'il avait d'illuminer la tombe de sa mère le jour de mon mariage avec sa fille. L'autre jour il m'a dit : Vous aimez les antiquailles? je vous donnerai une pipe romaine qu'a trouvée un de mes ouvriers dans mon bois de... — Aristophane aurait fait une belle comédie avec cette idée et sous ce titre : « Prométhée, gendre de Plutus. » — Journellement, pour les riens du ménage, ce sont des scènes entre maman et ma femme; maman me reproche de ne pas la faire respecter par ma femme; ma femme me dit que je donne toujours raison à maman. Je suis ballotté entre ces deux jalousies. Elles boudent, et lorsqu'elles se raccommodent, elles s'allient et se tournent toutes deux contre moi. — Mon beau-père vient passer ici des huit jours, et quand il est là, toujours parlant avec sa grosse voix, je n'ai plus même à moi le silence du calme.

J'ai un fils. Tant qu'il sera petit, je le ferai jouer dans le jardin; quand il sera grand, je lui mettrai une blouse et lui achèterai un bout de champ; et puis aille la charrue!

Je me suis rencontré hier avec le monsieur de Paris qui est venu faire de l'agriculture à la ferme de Levecourt. Je l'ai salué, nous nous sommes mis à causer. Depuis neuf ans, c'est la première conversation que j'aie eue. Il m'a invité à venir le voir.

M. Dumont, de Levecourt, est mieux qu'une ressource; il a un charme de rapports et d'esprit, et des façons cordiales, qui me poussent de jour en jour à son amitié. — C'est un ancien garde du corps; et quoique nous différions entièrement de manière de voir politique, nous discutons sans disputer. — Il est venu souvent cet hiver souper à la maison.

Voilà quinze jours que je n'ai vu M. Dumont. — Ma femme aurait dit, la dernière fois qu'il a soupé à la maison, devant son domestique, qui mettait le cheval à la voiture, que « je ne pouvais pas continuer à manger ma fortune, en tenant table ouverte ».

7 juillet 1845. — Mon petit garçon s'en est allé, le croup l'a emporté. Il était beau et souriant vendredi encore... Des gens du pays qui ne m'aiment pas ont jeté le soir, par-dessus la haie de mon jardin, un petit cochon de lait mort...

10 décembre 1847. — Ma femme a vendu 17 fr. 50 cent. les paires de Colombey, à Jange-

neux, marchand de blé à Gray, payable au 1ᵉʳ avril.

26 février 1848. — Le percepteur vient de m'arrêter sur la place; il m'a lu son journal. Une révolution...

BUISSON

C'est un livre, un gros livre dans un cuir de Russie bien grenu et de sauvage odeur. Il y a aux quatre coins des plats quatre pensées ; il y a entre les nervures du dos cinq pensées, et au milieu de toutes ces fleurs de souvenir dorées de bel or fin se lit : *Jules Buisson, Essais d'eaux-fortes.*

Ce livre unique où une main amie a rangé, comme des reliques, toutes les pièces, a réuni tous les *états*, mettant devant ces chères images les vers explicatifs gravés eux aussi à l'eau-forte et faisant choix des tirages, et les échelonnant l'un après l'autre, — ce livre tient l'Œuvre d'un artiste. Feuilletez-le en ses pages; et vous aurez le recueil des imaginations de Buisson, de son premier à son dernier jour, — du jour où il fit une planche entre une leçon de M. Ducauroy et une leçon de M. Valette, au jour où il dit à sa pointe : Adieu, paniers! vendanges sont faites! et jeta aux champs ses bouteilles de vernis.

Buisson entra dans la vie positive à une belle sortie de collége. Il fit comme tout le monde, et alla s'asseoir sur les bancs de l'École de droit. Mais en son chemin, il rencontrait mille accidents de la vie, mille petites scènes animées qui sollicitaient coup d'œil et obtenaient souvenir. Au Luxembourg il voyait de beaux petits enfants rieurs qui jouaient près des bassins, puis s'asseyaient sur les bornes de pierre, tout rouges de courir, laissant voir leurs mollets dodus. Souvent, dans les rues de la montagne Sainte-Geneviève, il laissait complaisamment tomber le regard sur des dogues muselés, rognés d'oreille et de queue, les bajoues piquées de poils rudes comme des soies de porc, le museau plissé et relevé pour montrer de petits crocs blancs, incisifs et entêtés, chiens tout nerfs et chair, sanglés dans leur peau, et les rognons et le train de derrière puissants comme chez certains monstres assyriens. Par les rues, il se cognait parfois à des habits grotesques, à des faces étranges, à des échappés d'un conte fantastisque, des docteurs Pyramide ou des Pasquale Capuzzi. Lors son ami Prarond le poëte lui disait, aux heures des rimes conseillères :

> J'ai trouvé des Goya cachés sous vos Pandectes,
> Ami ! j'ai dépisté parmi de longs discours,
>   Entre autres notes fort suspectes,
> Que sur Papinien vous recueillez aux cours,
> En marge et grimaçant dans des cadres fantasques,
> Bien des nez de travers et bien des fronts cornus,
>   Bien des figures bergamasques,
> Et des ânes prêtant ou réclamant leurs masques
>   A des visages bien connus.

Buisson oublia d'être juge, et se mit à dessiner des bouledogues. Et si bien il en dessina, si bien il en moula, si bien il en sculpta, qu'il eut à l'Exposition de 1842 « deux dogues », tableau acquis par la Société des amis des arts. Son tableau acheté, envie lui prit de graver son tableau, et il se trouva avoir et la pointe libertine de Chaplin, et la manière grasse et ressentie d'Hédouin dans son *Étable*, et la science du *vernis mou* de Marvy. Que si vous ouvrez le volume, et que vous passiez la garde de papier *peigne*, vous rencontrez tout d'abord ces deux chiens, l'un couché, l'autre debout sur ses pattes de devant et l'oreille inquiète, tous deux solidement accentués et étalant des contours comme tracés par une plume de roseau qui aurait poché victorieusement les ombres. Le sol, les murs, les accessoires du chenil, dans un certain *brut* pittoresque, viennent à l'œil dignes presque des bassets de Decamps.

Puis, il s'abandonna à rêver. Au réalisme de sa première œuvre succèdent les pensées tournées vers les créations imaginatives, les aspirations, les songeries par les champs de l'inconnu, les contours ondoyants et à peine entrevus, la recherche de l'idéal; à la réalité rigoureuse succède le dédain des pensées trop écrites. Une effacée réminiscence d'un tableau italien du musée de Tournai lui tourmente la main, et sur le cuivre, dans les griffonnages à toute bride d'un paysage de Cythère, s'enlèvent discrètement le beau corps et la gorge milésienne d'une jeune Muse endormie. Les Amours ont volé ses vêtements, ils les ont livrés au Zéphyre,

> Zéphyre court de fleurs en fleurs,
> Et l'on n'attrape point Zéphyre.

Par les fonds incertains, ce sont de mystérieuses envolées d'Amours, et les vagues des vêtements flottant dans l'air, — un rêve antique qui remonte au ciel sur le premier rayon de soleil.

Cet homme à la façon des soldats de Salvator, une toque à plume sur la tête, torse à moitié nu, se caressant sa longue barbe avec sa main, est Finsonius :

> *Belga Brugensis hic est, sed Parthenopensis amore*
> *Artis Finsonius sceptra jocosa gerens.*

— une figure de peintre provincial retrouvée par un ami de l'aquafortiste, Philippe de Chennevières.

Buisson se plaisait à ces illustrations d'ouvrages écrits par des plumes qui lui étaient chères et de préférence aimées. Ils étaient quatre en ce temps heureux de la gaie jeunesse, qui pensaient ensemble, et se parlaient et se répondaient l'un à l'autre en tout : prose, rimes ou dessins. Aussi, presque toujours, Buisson se fait écho de la poésie et de l'amitié ; et Prarond et Levavasseur chantent tour à tour sous sa pointe, à moins que les *Contes normands* ne lui donnent l'idée de dessiner une vieille Normande, le nez crochu, le bonnet de coton en révolte, une bouteille sous le bras, trouvant que le vent est rude, l'équilibre difficile, et le pont étroit, et chantant son *Ave* d'ivrognesse :

> Ma bonne Vierge, laissez-mai passer
> Je n'berai pus quand il fera ner.

Et tout après le « Chenil », le frontispice des fables de l'ami Prarond. Préault voulait exécuter ce frontispice en marbre. Des Amours entourent, avec la grâce perdue du XVIIIe siècle, un rustique médaillon de mademoiselle de la Sablière, jeté dans les feuilles. Au bas, les Amours jouent avec des fleurs, puis ils volent et s'asseyent et se renvolent, et le premier arrivé tend le bras et met une couronne de fleurs des champs sur la tête de l'hôtesse du fablier. — Et vraiment c'était un Clodion.

Mais Levavasseur a dit quelque part :

> La rime est une esclave
> Qui de dame Raison
> Fait le ménage et lave
> La petite maison.
>
> La maîtresse est hargneuse,
> Et du soir au matin
> La vieille besogneuse
> Met de l'eau dans son vin.
>
> La servante est folâtre
> Et dérobe au tonneau
> Le vin de la marâtre
> Qu'elle met dans son eau.

Vite du giron de la servante décolletée, les épaules au vent, la chemise aux hanches, monte avec la fumée blanchâtre des fagots une ronde d'effrontés parpaillots qui embrassent et cajolent la servante, et grimpent boire le vin jusque sur le manteau de la cheminée. Bientôt voilà Buisson qui enfourche le balai, comme Penguilly; le fantastique le visite; et voilà les eaux-fortes de minuit. Tantôt c'est un cavalier fort maigre, et vêtu de noir, qui chante des séguedilles à la nymphe de l'Arnette; tantôt c'est un burg au haut d'un mont, soutenu par des consoles humaines; deux petits bonshommes grotesquement accoutrés sonnant de l'olifant, poussent avec leurs montures jusqu'au château magnifique, et dans un coin est accroupi, les coudes aux genoux et les mains aux oreilles, un petit Belzébuth cornu, grand comme l'ongle. — Eaux-fortes étranges, d'un ton roux qui rappelle l'encre rougie par le temps des dessins à la plume du Guerchin et du Vinci.

Que Levavasseur, après avoir lu une parade de Dominique, fasse *Pierrot couveur et roi*, Buisson regarde une image de Watteau, et lui fait deux Pierrots : Pierrot pendu, la lune le regardant :

> Je n'aurais cru d'avance
> Qu'on pût être si bien au bout d'une potence.
> Que de sots préjugés on a sur terre, hélas
> Quand on voit en passant ces choses-là d'en bas!

Puis Pierrot en collerette, son serre-tête noir un peu passant sous sa coiffe blanche, et faisant à deux mains un mémorable pied de nez ; ceci est pour l'épilogue :

> Tes dix doigts allongeant ton nez original
> Nargueront le public dans un lazzi final.

Levavasseur raconte-t-il, en bon Normand, la vie de Corneille, Buisson ne manque, comme vous imaginez, si belle occasion de portrait.

Ici le fabuliste Prarond a le *Cavalier et le cheval* à faire sauter un fossé. Buisson se rappelle les fuites rapides, les croupes qui s'effacent, les cavaliers couchés à l'avant, les queues droites à l'horizon, les chevauchées tempétueuses, toute cette *furia* équestre qu'il livrait en ses heures de fièvre à des panneaux oubliés ; il enlève d'un bond la fable de Prarond, et, la tête échauffée, sur un coin de la même planche, il jette pour l'ami Levavasseur une houle impétueuse de cavalerie tournoyante avec le mouvementé d'un Maturino dans un défilé du Guaspre. Dans ce *griffonnis* le Cid fait rage de la vieille épée de

Murdora le Castillan. Ecoutez le *Romancero* :
« Il défit tous les Mores, prit les cinq rois, leur fit lâcher la grande prise et les gens qui allaient captifs. »

Buisson est allé en Normandie. Il a rapporté de la lande de Laug: de solides études, de véritables études normandes ; il a rapporté « les chemins verts, les mares perdues dans l'ombre du soir, les ciels verts, la prime verdure d'avril sur les haies et sous les futaies, les nappes vertes des prés déroulées sous les bois, les tons bleus et violets si légers des arbres qui vont ouvrir leurs premiers bourgeons ». Mais le pays de Goya l'appelle, et en l'automne de l'an 1845 son ami Levavasseur lui écrit :

Monsieur
Buisson, peintre français, fonda de las Naranjas,
calle de Jovellanos.

C'est donc vrai, le soleil a des rayons étranges
Qui naturellement font mûrir les oranges !
Vous qui n'en aviez vu comme moi qu'au bazar,
— Enfants emmaillottés dans un papier de soie,
Vous en avez cueilli dans votre folle joie
    Aux orangers de l'Alcazar,

Il court les Espagnes ; il s'enivre de soleil, il s'enivre de haillons drapés avec un air de pourpre, de couleurs chatoyantes, d'ombres rousses, de terrains brûlés, d'horizons en incendie et de firmaments zébrés ; il dessine le mendiant s'épouillant, et la manola alerte, et le *presidio* lézardé, et tout le peuple bariolé. Il essaye de fixer en des pages d'album cette lumière d'or, cette misère splendide. Il croque des brigands, lazaroni à fusils, se chauffant au crépuscule dans une gorge morne. Il court ce qu'on voit et ce qu'on montre, les Murillo de la rue et du *Museo del Rey*. Il s'éprend des vieux et des terribles, de Correa, d'Alonzo Beruguete, de Liaño, de Gaspar Becerra, de Dominique Théotocopuli.

D'Espagne, il rapporte un tableau : une cour au bas d'une église, au bas d'un énorme Christ en bois peinturluré, hommes et femmes bigarrés d'écharpes, de mantes, de chapeaux mahonnais, les uns poussant devant eux des troupeaux de cochons truités de rose ; les autres, des ânes se pressant et se bousculant et tintinnabulant d'alcarazas. Le ciel est vert sombre avec des filets violets; un coloris brutal, un dessin violent; mais sous les crudités de ton et les inhabiletés de brosse, une riche palette, une méritante audace.

D'Espagne il rapporte une petite eau-forte, une carte de visite. Devant un terrain qui fuit à perte de vue, cailloteux et désolé comme les Alpujuras, près d'une source tarie, au pied du squelette d'une broussaille exfoliée, une tête coupée, les yeux clos, les lèvres entr'ouvertes, les veines du col bavant sur le sol une mare rouge; un souvenir des deux Sévillains pantelants, Valdès et Montanès.

Mais tournez la page des Valdès, des cauchemars, de l'école *terrifique*, et venez vite voir les beaux enfants, les méplats charnus, les faisceaux de plis aux jarrets, le potelé, le grassouillet, le dessin rebondi de l'enfance. Une statuette de Flamand, un Giotto enfant, lui donnent, celle-ci une étude, celui-là un succès. Une petite fille vue de dos lui livre un chef-d'œuvre. Il y a là les caresses de l'artiste, et, dit-on, du parent. Comme toutes les courbes sont pleines! comme la pointe lutine! comme elle rondit le long de ce galbe douillet ! la réjouissante graisse étoilée de fossettes !

Salut, madame la Fable ! Elle est vue de dos, laissant pendre un coin de draperie et se regardant dans un miroir :

> Même quand elle prend, par un beau jour d'été
> Au bord d'un fleuve ou sur le sable,
> L'uniforme charmant de dame Vérité,
> A certain regard effronté,
> A cet air nonchalant, au miroir emprunté,
> On reconnaît toujours la Fable.

Cette eau-forte, publiée par *l'Artiste*, est la gravure, moins trois Amours dans le ciel, d'un tableau de Buisson, qui joua de malheur. Il fut reçu à l'Exposition de 1848, le 23 février. Le lendemain, tout le monde exposait de droit. Un instant Buisson avait dû arriver vraiment au public : on avait parlé de lui pour illustrer *l'Ane mort* de Jules Janin.

1848 a dispersé le cénacle et mis un écriteau à la porte de l'atelier hospitalier. Mais Buisson n'a laissé partir ses amis qu'après qu'un chacun a eu un beau portrait à mettre en tête de ses œuvres. Il a gravé d'une pointe onctueuse la tête bien en chair du fabuliste ; il a gravé avec la pointe fine d'Henriquel le profil élégant de Levavasseur ; il a gravé la barbe de l'ami Philippe ; et quand il les a eu tous *pourtraicts,* il n'a pas voulu que ces visages qui s'étaient fait face si longtemps fussent séparés. En mémoire des années qui ne reviennent pas, il les a tous réunis dans le frontispice du livre de M. de Chennevières, faisant de l'un une cariatide nue, sortant d'une gaîne l'habit de l'autre, appuyant sa fantaisie architecturale sur la tête de celui-ci et la couronnant de son portrait :

> Avec les cheveux en broussaille,
> Le front saillant et les yeux creux,
> Dent qui mord et bouche qui raille !

Et maintenant Jules Buisson plante ses choux près de Castelnaudary. Il ne grave plus, il ne peint plus. Il est marié ; il cause engrais avec ses fermiers. Rarement il lit cette *Comédie humaine* que Balzac lui avait donnée pour avoir aidé à la décoration de son petit hôtel du faubourg du

Roule. Il s'est retiré en un coin de grasse terre, oublieux de son talent passé; et si parfois du ciseau qu'il vient de se faire envoyer il dégrossit une tête d'animal dans un tronc de poirier, c'est pour mettre au-dessus de la porte de ses étables.

NICHOLSON

> Come and see
> THE LORD CHIEF BARON NICHOLSON.
> At the Coal Hole tavern.
> STRAND [1].

L'affiche est ornée d'une énorme tête de Nicholson en perruque et en rabat.

En bas, à la *bar* [2] de la taverne, vous payez un

---

[1] Venez et voyez le grand juge Nicholson à la taverne du *Trou au charbon*, dans le Strand.

[2] Comptoir.

schelling; montez l'escalier, et entrez dans la salle. La salle est un rectangle recouvert jusqu'au plafond d'un papier couleur bois. Aux deux côtés de sa longueur sont figurées quatre cheminées surmontées de glaces dans des cadres de chêne, décorés d'arabesques en bronze. La salle est coupée de longues tables d'acajou; les tables sont entourées de bancs recouverts d'une moquette rouge jaspée de noir. Sur la table il y a des verres, des carafes, des bols de verre bleu qui servent de sucriers. Huit becs de gaz éclairent la salle. Aux murs est appendu le prospectus colorié d'une école de natation d'hiver; aux murs est accrochée à un clou une plaque de verre noir portant en lettres de cuivre le mot : *Beds*[1]. Dans le fond de la salle, le plancher ressaute d'un pied; et au centre de l'estrade s'élève, réservée au chef baron, une petite table où brûlent deux bougies. A côté des bougies, au-dessus d'un étain bien luisant, « la bonne vieille boisson écossaise, richement brune, mousse par-dessus les bords en glorieuse écume », comme dit Burns.

[1] Il y a des lits ici

Aux pieds de Nicholson, sur un canapé au dossier de jonc, sont assis le greffier, le conducteur du conseil, l'avocat. Une petite barre en bois blanc, où viennent déposer les témoins, se dresse à la gauche du tribunal. Dans l'enceinte réservée est encore un grand piano à queue qui accompagne les chansons grivoises chargées de faire attendre le procès.

La table la plus rapprochée du tribunal reçoit le jury, jury qui se recrute parmi les buveurs de « gin » de bonne volonté. Un appel de noms imaginaires est fait. Chaque juré prend la Bible entre le pouce et l'index de la main droite, jure de juger d'après sa conscience, baise la Bible, et la passe à son voisin, qui fait de même, et la baise, et la repasse. Nicholson demande un cigare. L'huissier appelle la cause. Le conducteur du conseil, connu sous le nom du *savant sergent*, et qui s'est occupé avec succès du génie dramatique chez les anciens et les modernes, lit l'acte d'accusation. L'avocat, qui est un habile étudiant en droit, présente la défense. On appelle un témoin, puis un autre, puis un autre. Tantôt il vient une vieille fille les cheveux gris lui battant sur les joues, lunettes sur le nez, robe rosâtre à volants, mantelet de soie grise, chapeau avec des bouquets de bluets; la démarche intimidée, la voix mince et fluette, l'accent pudibond, croisant les bras sur la poitrine; une personnification femelle du *shoking;* puis c'est un garçon coiffeur qui entre « comme le torrent de la Moréna », qui monte à la barre comme on monte à l'assaut, qui frappe du poing, qui a un toupet jaune ébouriffé, qui se dépêche, qui crie, qui bredouille, qui répond avant qu'on l'interroge, qui raconte quand on lui dit de se taire, qui se démène, qui cherche machinalement et fiévreusement son tablier de sa main, qui s'essouffle, qui se mouche dans son tablier, les yeux hors la tête, la voix glapissante, haletant, prolixe, bavard et bavardant, toujours exubérant, toujours parlant; — et ce coiffeur et cette Anglaise, et ce *blackguard* et cette lady, c'est un homme, un seul homme, le même homme ! Cet éternel témoin, le chef baron n'a-t-il pas raison de l'appeler « le plus comique dessinateur de types comiques, depuis la splénétique vieille fille jusqu'au garçon coiffeur avec son tablier à bavette » ?

Mais Nicholson a un peu avancé la tête. Il a adressé une question au témoin, et toute la salle est partie d'un éclat de rire.

Nicholson est petit, apoplectique. D'énormes favoris noirs encadrent sa figure carrée et massive, comme la figure d'un financier d'Hogarth. Ses traits sont pleins et ronds; il a le teint frais; il a de petits yeux qu'il rapetisse encore en clignant et en plissant la paupière; et ce manége leur donne une indicible chafouinerie. Rominagrobis faisant le mort devait avoir cet œil demi-fermé, narquois et guetteur. Il a la grande perruque poudrée de chef baron à grands anneaux, tirant sur le front une ligne droite comme faite à la règle, et trouée au sommet par un petit trou qui laisse échapper la chaleur de la tête. Il a le rabat blanc, les manchettes et la grande robe noire. Nicholson ne rit jamais; il parle lentement; il a dans toute la physionomie comme une bonhomie bridoisonne, et comme une sournoiserie de vieux juge. Souvent, il fait avancer sa lèvre inférieure sur sa lèvre supérieure en homme de mauvaise humeur qui boude un mauvais argument. Il joue de façon exquise et de bonne comédie le perpétuel demi-sommeil d'un tribunal.

Nicholson se complaît aux causes d'adultère; il a fait son domaine des infortunes conjugales : tout le scandaleux judiciaire est bien venu de lui. En ces causes, les grasses façons de dire ont leurs coudées franches; les équivoques, les allusions, les demi-gros mots ont beau jeu dans ces libres plaisanteries, dont l'histoire du marron de Sterne est comme le type. C'est en plein croustillant que Nicholson excelle à faire les mille et une confusions de « l'Avocat patelin », à jeter au beau milieu d'une plaidoirie une interrogation cynique, à déchirer d'une phrase les gazes de pudeur de la défense; et pour peu que les tribunaux anglais aient évoqué quelque belle « conversation criminelle », aussitôt la parodie est prête, juge, avocat, greffier se donnant la main. Les causes s'improvisent, à peu près comme ces drôleries de la comédie italienne où les acteurs, avant d'entrer en scène, lisaient sur une pancarte accrochée dans les coulisses le canevas de leurs lazzis. Et cela dure tout autant qu'une petite pièce de nos boulevards : une vingtaine de jours, un mois. Nous avons vu toute une soirée débattre la vraisemblance d'un adultère en cab, avec des : Comment? que vous ne pourriez imaginer. — L'Anglais, qui aime à boire, va se coucher sur un verre de grog, et sur un résumé du chef baron de la plus impartiale salauderie.

Quelquefois la cour de justice du Trou à charbon évoque une cause politique réelle ou fictive; alors elle se met à être comme la face grotesque des haines anglaises. Tout Londres se rappelle le succès récent qu'obtint Nicholson avec son fameux procès : « Haynau et les ouvriers de la brasserie Barclay-Perkins. »

Licence singulière et sans précédent dans les mœurs d'un peuple! Parodie unique et surprenante! Le jury, et le juge, et l'accusé, et les témoins, et la défense, et l'accusation, — la Justice! abandonnés à tout l'humour d'un Swift de taverne, traduisant en libertines railleries l'amère parole de Shakspeare sur la jugeaillerie humaine : « L'homme, cet être vain et superbe, revêtu d'une autorité passagère, lui qui connaît le moins ce dont il est le plus certain, son existence fragile comme le verre, se plaît, comme un singe en fureur, à exercer les jeux de sa puérile et ridicule puissance à la face du ciel, et contriste les anges. » Et chez ce peuple religieux de sa loi, où les plus grands criminels baissent la tête sous la baguette du constable, cette farce quotidienne des assises anglaises! là, dans cette salle, un coquin de Rose-Mary-Lane que l'attorney enverra peut-être dans un mois à Botany-Bay, vient rire à cette répétition comique des vengeances sociales! Étrange comédie que cette comédie du *Chief baron*, où la Bible, et les balances, et le glaive sont chaque jour de l'année bafoués et traînés dans les éclats du rire! Étrange peuple où toute moquerie permise n'ôte rien au respect! où la caricature ne fait pas une rébellion! où, dans le fond d'une allée, au-dessus d'une *bar* à liqueurs, un homme peut, tous les soirs, toléré par la police anglaise, être l'Aristophane de la loi anglaise!

Nous ne voulons pas essayer une biographie de Benton Nicholson; c'est une célébrité que nous amenons sur le continent, et le public n'aime à entendre longuement parler que des gens qu'il connaît. Tout au plus, nous essayons quelques traits du Falstaff juge. « Les peintres, dit le vieil anecdotier, prennent la ressemblance de leurs portraits dans les yeux et les traits du visage où le naturel éclate plus sensiblement, et négligent le reste. » Ainsi faisons-nous, ne tentant qu'une animée silhouette et un buste rieur du *Chief baron*.

Nicholson a été rédacteur de quatre grands journaux; il a donné des articles au *Times;* il est l'auteur de *Dombay et sa fille*, roman dans la manière de Dickens. Après le succès de *Gavarni in London*, il a publié un journal périodique, sorte de Tintamarre anglais, intitulé *Don Giovanni in London*. Une chose que l'on ne sait guère, même en Angleterre, c'est que peu s'en est fallu que Nicholson ne fondât le *Punch*. Ce fut dans la chambre de Nicholson, alors prisonnier pour dettes, que fut discutée et résolue la venue au monde du drôlatique journal. M. A. Henning avait apporté *le Charivari* de Paris. Les questions matérielles du *Charivari* de Londres réglées, le bureau du journal fut ainsi composé:

M. Nicholson, rédacteur; M. Landell, graveur M. Last, imprimeur. Mais Nicholson ne put sortir de prison aussi vite qu'il le désirait, et MM. Last et Landell, privés du concours de Nicholson, appelèrent à la rédaction M. Gilbert Beckett, M. Henri Mayhew, M. Grattan, et M. Mark Lémon, qui fut le parrain du journal; et l'appela de ce bienheureux nom : *Punch*.

Nicholson commença son rôle sur une scène médiocre à la *Tête de Garrick;* mais il n'était alors qu'un juge d'occasion. Ce fut sous lord Melbourne que Nicholson fut élevé à la dignité de chef baron, et représenté dans une colossale peinture avec la robe d'hermine « de son feu regrettable confrère Jenterden ». La première foi qu'il porta cette fameuse robe, il eut la visite de Jean Adolphus, le père du barreau anglais « qui joignait à l'esprit, à la sagesse, à la légale sagacité, le génie non encore vu de faire naître un scandale d'un scandale ».

Depuis lors, sa réputation ne fit que grandir; il n'eut plus seulement des oisifs, ou de jeunes avocats venant apprendre « à cette mimique du *Forum* » la repartie vive et l'ironie improvisée, il eut des membres du parlement; que dis-je? il les fit jouer dans sa grave parade, et les fit s'asseoir comme jurés à son banc plaisant.

Ce fut un de ces jours-là sans doute que Nicholson, mis en verve par son public, prononça cette burlesquement sérieuse apologie de sa *Mimic Court :*

« Ce n'est pas, messieurs du jury, que je veuille médire du talent ou de la sagesse des cours inférieures, *Courts of Chancery, Court of Queen's Bench' Exchequer, Common-Pleas, Old-Bayley;* non, messieurs, ils ont le génie, ils ont la science; mais, messieurs, il leur manque ce qui ne manque pas au savant conseil; il leur manque ce que nous avons : une *bar* au-dessous de la *bar* [1]. La *bar* du dessous donne l'inspiration, l'esprit, l'énergie à la *bar* du dessus. Messieurs du jury, croyez-vous que les arguments de sir William Follet perdraient de leur à-propos arrosés d'eau-chaude et de rhum? ou encore que les métaphores ingénieuses de L. Charles Phillips perdraient toute leur grâce pour tremper leurs lèvres à un verre de whiski? Songez encore, messieurs du jury, quel allégement ce serait à mon savant confrère Denman s'il pouvait seulement allumer un cigare et prendre un grog au gin. Messieurs du jury, la panacée des timidités, le coup de fouet de l'éloquence, le générateur de l'argument, le médecin de la raison, c'est un verre de champagne. Voltaire l'a dit :

---

[1] Jeu de mots sur le mot *bar*, qui signifie comptoir de marchand de vin, et barre de la justice.

l'homme devient éloquent sous l'influence des grandes passions ou des grands intérêts. Mon grand intérêt, c'est l'excitant; ma grande passion, c'est le verre de champagne; et je suis appuyé par ce philosophe dans mon opinion que l'homme parle et argumente mieux sous l'impression des excitants que lorsqu'une sage sobriété siége seule, en son chagrin, sur le trône de l'intelligence. »

Nicholson est un homme de *sport;* c'est un parieur distingué. Un rédacteur du *London-News* nous disait qu'il avait une façon particulière de juger les chevaux à l'oreille. Il se fait remplacer pendant la saison des courses, où à Epsom, à Ascot, à Hampton, escortée de sa tente monstre en toile, sa seigneurie fatigue une salade, coupe une tranche de rosbeef, remplit un verre d'ale, « offrant le premier exemple du premier juge qui ait jamais vendu du bœuf à une course de chevaux ».

Nicholson a un petit lever. Les boxeurs, les maquignons, quelques acteurs viennent lui faire leur cour. La ruelle est le rendez-vous des nouvelles du *Ring;* c'est l'endroit de Londres où on sait le mieux et le plus tôt combien de *rounds* a donnés Harry-Broome.

Ses occupations sévères de chef baron ne

l'empêchent pas de revenir quelquefois à la littérature. Le grave emperruqué met alors à son esprit « des bas couleur de rose ». Une fable s'échappe de sa plume entre deux résumés de la taverne :

L'AMOUR ET LA MORT

« L'Amour et la Mort convinrent de voyager ensemble. La Discorde les surprit au milieu de leur sommeil et mêla leurs flèches. C'est ainsi que l'Amour, quand il se propose de frapper les jeunes d'une tendre passion, tue souvent, et que la Mort, quand elle lance sur les vieux la flèche fatale, allume un doux attachement. »

Ne dirait-on pas le goût d'une odelette d'Anacréon ? — Nicholson dit plaisamment, à propos de ses œuvres rimées, « qu'il est le plus pesant barde d'Angleterre, un barde de 266 livres ».

Mais, après sa fable, vite il remonte à son siège, il retourne à sa baronnie ; il recommence, applaudi, sa farce étonnante. Il sait que toute sa gloire est dans sa toge risible, et il se résume ainsi lui-même dans l'autobiographie de sa main qu'il nous a envoyée : « Je vous livre ceci, non comme une sérieuse archive, mais comme un satirique souvenir, mon objet étant toujours d'exciter un rire dans mon auditoire par ma moqueuse grandeur. »

UNE PREMIÈRE AMOUREUSE [1]

La Haye, avril 1845

Me voici établie ici, ma chère mignonne. J'ai un très-joli appartement qui donne sur la place du Marché. Ma chambre à coucher est tendue en rose; j'ai des jardinières en bambou avec des tulipes qui coûtent très-cher, à ce qu'il paraît; la petite cage chinoise que nous avons achetée ensemble au Havre, et dedans des oiseaux bleus et rouges, sur ma fenêtre : — et vous savez mon nid par cœur. Les indigènes sont très-curieux de

[1] Nous ne sommes guère qu'éditeurs des lettres qui suivent.

moi. J'arrose mes tulipes. Je ne vis pas beaucoup. C'est le mieux. Si vous étiez ici, chère belle, je crois vraiment que je ne regretterais rien de Paris.

Dites à Élisa que je ne puis rien pour elle en ce moment; j'ai été assez malade; mon entretien ici est coûteux. En deux mots, je suis à sec. Qu'elle prenne patience. J'ai de fort belles robes, que je ne puis vendre puisqu'elles me sont nécessaires pour le théâtre; un bracelet qui ne me quitte jamais, et auquel je ne toucherais pas pour nourrir ma mère. Vous savez, chère amie, que ce n'est pas le cœur qui me manque; mais je suis au fond de ma bourse en ce moment, je vous assure. Que deviennent Edgar et Léon? Que devient Paris? Je n'ai rien à vous dire. Je vous écris absolument pour que vous me répondiez. Au revoir, ma chère Louise; je vous embrasse comme autrefois.

MATHILDE.

Dijon, décembre 1846.

Enfin, ma chère Louise, une bonne et grande lettre de vous! J'en ai été toute surprise, et j'en suis toute réjouie. Votre lettre me rejoint à Dijon, où je compte passer l'hiver, attachée au théâtre, vous pensez bien. Il y a si lontemps que nous n'avons causé ensemble, et tant de fortunes diverses me sont arrivées depuis, que je pourrais facilement vous envoyer un in-octavo sur les impressions par moi éprouvées depuis huit mois. Qu'il vous suffise de savoir, pour le moment, que j'ai été heureuse à la Haye au delà de ce que je pourrais vous dire! que ce pays maussade, brumeux, sans soleil ni éclat, garde pourtant mes plus précieux souvenirs, mes plus chères ivresses; que je l'ai quitté désespérée, éperdue de chagrin, y laissant désormais tout l'amour et le vrai bonheur que je puis avoir en ce monde! Je vous expliquerai tout plus tard; j'ai voulu vous répondre immédiatement pour vous dire que je vous remercie d'avoir songé à moi, et que je suis aise de votre lettre et de vous avoir retrouvée.

Je suis contente que vous ayez rompu avec Théodore : un vilain nom d'abord! et puis il doit aimer comme son ami Edouard, qui prend ses maîtresses à proximité du café où il déjeune. —

Gustave fait-il toujours des vers? Le brave garçon! il est ennuyeux comme un album. Embrassez-le de ma part. — Camille est ruiné? Je le crois bien. Il faut avoir trop d'oncles pour hériter tous les ans. Je me rappelle quand nous avons été déjeuner au pavillon d'Henri IV, au sortir d'un bal de l'Opéra, et qu'il voulait allumer son cigare à un réverbère, vous souvenez-vous?

Que ne vous mettez-vous au théâtre? vous feriez merveille. C'est une vie animée, pleine de péripéties, de détails émouvants et grotesques, et de dîners de carton qui donnent à manger. Le théâtre ici manque de femmes; on n'exige ni talent ni habitude : de la grâce et de la beauté, voilà tout! Si vous le vouliez je vous y ferais entrer avec moi. Quelque chose, quelqu'un vous retient-il à Paris? — J'ai mille choses à vous dire; mais on m'attend chez un correspondant. Je vous quitte. Je vous embrasse.

MATHILDE.

Dijon, janvier 1847.

Mon réengagement est signé d'hier. Je ne veux pas tarder, chère belle, à vous écrire cette bonne nouvelle, sachant toute la part que vous y prendrez. J'ai eu affaire à un directeur presque amoureux : c'est vous dire que j'ai tiré à moi la couverture. Comme je ne suis pas d'aujourd'hui au théâtre, et que je sais sur le bout du doigt tout le sous-entendu de ces messieurs, j'ai tout précisé. Je ne dois jouer que trois fois par semaine; et j'ai, de plus, un congé de quinze jours à prendre quand il me plaira. Vous concevez, ma mignonne, que j'attendrai un succès, et que le lendemain je me ferai racheter mes quinze jours ce que je voudrai.

Encore une fois, que ne vous mettez-vous au théâtre? Votre idée de Conservatoire est puérile : vous y entrerez très-difficilement; puis, ce que vous gagnerez vous permettra au plus d'acheter des bouquets de violettes. Le théâtre, à la bonne heure! Si vous avez quelque chance de faire fortune, c'est là, uniquement là. Vous savez que si vous avez du talent, cela sera un accessoire fort généreux de votre part, c'est la dernière chose qu'on vous demandera. Pourvu que vous ayez la jambe bien tournée et l'œil bien fendu, directeur et public seront satisfaits; or vous avez cela, et, en plus, une jolie voix, et vous êtes musicienne. Venez ici, je vous fais engager au théâtre. J'ai le directeur dans mon bas, ou peu s'en faut. Pour ce qui est de vos débuts, ne vous en faites pas un monstre d'avance. C'est une des nombreuses choses de la vie auxquelles il ne faut songer que le lendemain. L'habitude du public vous viendra peu à peu, ma chère, comme toutes les habitudes. Vous concevez bien que mes conseils et mes exhortations ne vous donneront pas du courage si vous n'en avez pas. Ceci, vous le sentez, est une condition toute physique. Mais, rassurez-vous; tout le monde est ému le premier jour; les débuts sont toujours pleins de troubles et d'émotions, et le public, je vous jure, le public de province surtout, ne songe pas à se formaliser de voir une jolie fille embarrassée d'être regardée et qui rougit sous son rouge. Mais vous ne voulez pas quitter Paris; vous tenez à votre Prosper. Passons.

Je vous envoie une lettre pour M.***, rue...; vous lui direz qu'il vous fasse entrer au Vaudeville; il sera enchanté de vous recevoir. Puis il faut voir rue..., n° 9, je crois : en prenant par la rue Montmartre, c'est la sept ou huitième maison à droite; il y avait des portraits au daguerréotype à la porte. Vous demanderez M.***. C'est un charmant garçon qui a été mon amant pendant deux ans. Il fait   s pièces de théâtre. On l'a joué. Il m'a passionnément aimée; ceci sans fatuité. Je l'ai rendu un peu malheureux parfois, en sorte qu'il ne m'aura pas oubliée. Vous lui écrirez qu'il vienne chez vous prendre des nouvelles de Mathilde ***. Il viendra, c'est sûr. Songez au théâtre.

MATHILDE.

Dijon, mars 1847.

De soir en soir, je remets depuis quinze jours, ma chère Louise, pour vous répondre une longue lettre bien bavarde et bien paresseuse en même temps, de ces causeries à bâtons rompus, à branches cassées, dans lesquelles l'esprit se pose sans durée et s'arrête sans choix. Depuis votre dernière lettre, j'ai été occupée d'une façon absolue, excessive. J'en ai été malade. On a été forcé de faire venir une seconde amoureuse pour me seconder. Chère petite, quelles fatigues le public nous paye en bravos! Vous ne sauriez croire à quel point le théâtre est un maître exigeant, capricieux; comme il vous envahit la vie! C'est un amant qui a bien besoin de faire plaisir quelque peu pour qu'on le supporte. Enfin j'attrape au vol une heure de liberté franche et de flânerie : je viens à vous. J'ai toujours été égoïste. Bah! c'est toujours quelque chose de bien choisir ses défauts et ses victimes.

Ma chère mignonne, votre lettre est triste et toute vibrante d'une foule d'inquiétudes non avouées, et que j'ai bien comprises. Malheureusement, je ne puis en cela vous venir en aide. Un seul argument peut vous toucher, et celui-là précisément me manque. Ne doutez pas de ma bonne volonté et de mes généreuses pensées à votre égard. Croyez à mon impuissance.

Je viens de jouer ces jours-ci un rôle Jenny-Vertpré dans *Madame Pinchon*. J'ai été rappelée avec deux autres personnes. C'était la première fois, depuis la Haye, que je revenais ainsi glorieusement devant le public. Eh bien ! aucune jouissance d'amour-propre ne m'a fait battre le cœur. Ce cœur, cet amour-propre sont si complétement usés que rien maintenant ne les active, ne les réveille. Quand je ne dédaigne pas, je suis indifférente. C'est que, voyez-vous, aucun résultat, de quelque nature que ce soit, ne vaut les peines, les fatigues, les emplois de force et de pensées qu'on a donnés pour l'obtenir, et ce qu'on a désiré est toujours au-dessus de ce qu'on possède. Aussi, bien pénétrée à présent de cette vérité, je ne cours fougueusement au-devant de rien ici-bas. Si j'ai à portée de ma main des choses désirables et qui tentent quelque partie sensuelle ou très-délicate de mon individu, je les prends sans impatience, je les consomme le plus vite possible afin d'être débarrassée de la fantaisie que j'en ai eue. Si, au contraire, ces choses sont éloignées et d'un abord difficile, je fouille mon souvenir, et j'y trouve des joies et des sensations comme il ne me sera jamais plus possible d'en ép. uver, et qui cependant ne valaient pas mes rêves..... excepté une époque et un amour que je veux oublier! — Je ne fais plus de course à l'aventure. Je me suis assise en mon indifférence comme en une stalle commode pour voir la vie.

Je sais bien que tout ce que je vous dis là n'est guère pratique pour vous, ma chère belle. Vos illusions sont encore bleues comme des pervenches ouvertes le matin; vous faites un poëme intitulé : « Misère et Amour », et vous ne vous effrayez pas du dernier chapitre, qui est « Misère » seulement. Voyez, moi, j'ai été aimée, idolâtrée, pardonnée et gâtée comme Manon le fut à peine par Desgrieux. J'ai dormi sur des cœurs jeunes, forts et valeureux qui ne battaient que pour moi, sur des poitrines qui bondissaient d'ivresse et d'amour au toucher de ma main, dans des bras qui étaient toujours amoureux pour m'enlacer, toujours levés et tendus pour me soutenir, toujours prêts à me défendre; si ma bouche ne s'est pas usée sous les baisers délirants qu'elle a reçus, c'est que Dieu l'avait créée sans doute pour cela.

Pendant cinq ans, cette vie fêtée, choyée, enveloppée de mailles brillantes, de dentelles, de velours, inondée de parfums et de soleil, cette vie a duré sans relâche; puis, un beau jour, je me suis trouvée seule, toute seule! Mes oiseaux, qui gazouillaient si bien et si passionnément dans les rideaux transparents de mon alcôve, se sont envolés l'un après l'autre, me laissant beaucoup de souvenirs — et autant de dettes..... Tous ces hommes qui m'avaient sincèrement aimée, qui avaient animé près de moi leur triomphante jeunesse, qui avaient bu à mes lèvres les ivresses généreuses de la force, de la liberté, du plaisir réunis, cédaient à la froide et implacable logique de la vie, à l'inexorable cours des événements rationnels. Celui-ci s'est marié. Celui-là s'est rangé. On a fait un préfet de l'un. L'autre, un adorable et séduisant garçon s'il en fut, élève des bestiaux maintenant, je ne sais où. Enfin chacun poursuivait son ambition, sa chimère, son intérêt; laissant derrière eux, et presque sans regret, les ingrats! le nid chaud, parfumé et joyeux de leurs vraies, de leurs heureuses, de leurs indépendantes amours!..... Et moi, que m'est-il resté de tout cela? Un cœur usé, vieilli par ces abandons et ces désenchantements successifs; l'impuissance d'aimer; une vie incertaine, jetée au hasard de la faim et de la maladie ! Rien dans mon existence, plus rien dans mon cœur : voilà le résultat des plus belles et plus heureuses amours qu'il ait été possible d'avoir en ce monde. Si cet exemple vous sert, tant mieux ! Mais j'en doute. Si vous suiviez un bon conseil, vous quitteriez votre Paris, votre Prosper, et prendriez un engagement pour la province. Vous vous y formeriez à la scène. Vos études seraient bonnes, parce qu'elles pourraient être suivies. Au bout de deux ou trois ans, vous auriez peut-être du talent, et à coup sûr une routine aisée, suffisante. Vous retourneriez à Paris dans de bonnes conditions, et votre existence matérielle serait au moins assurée.

MATHILDE.

Dijon, septembre 1847.

Chère bien-aimée, avez-vous cru que je vous abandonnais? Non, n'est-ce pas? Notre liaison n'est pas une de ces liaisons ordinaires qu'un silence fait défiantes. Vous me connaissez assez pour ne pas entrer en doute sur mon compte pour une paresse de plume. C'est sur l'intelligence de votre cœur que je compte pour ne pas me condamner sur les apparences, et pour croire que, malgré mon silence inqualifiable, je vous aime toujours, et que vous êtes toujours tout près de toutes mes pensées. Trop de charmants souvenirs lient mon souvenir au vôtre pour que je puisse oublier.

Si donc aucun message de moi n'a volé vers vous, accusez-en, chère petite, ces mille accablements de l'esprit découragé, ces riens qui se définissent difficilement, qui vous taquinent la pensée et la vie, ces ennuis de toute sorte qui, malgré leur vulgarité et leur insuffisance, ramènent à eux des facultés portées vers un point plus élevé et plus sympathique, en les isolant forcément de leur centre choisi. D'abord j'ai été accablée de répétitions et de lectures. Puis j'ai eu, non un amour, mais une liaison très-mouvementée, — comme disent MM. les romantiques : un père prudent, qui s'est jeté entre son fils éperdu et tou de passion, dont l'âme et la vie étaient fatalement livrées à cette sirène dangereuse que je suis, disent MM. les Dijonnais, et qui l'a arraché aux séductions bien émoussées, hélas! de votre désenchantée Mathilde. Cet incident m'a pris du temps et quelques préoccupations. Ce jeune homme, le seul qui vaille la peine qu'on s'occupe un peu de lui dans tout le département, a été malade de chagrin; mais il a engagé à sa famille sa parole d'honneur que tout était à jamais fini entre nous; et malgré tout, il tient sa parole! C'est beau!... mais j'enrage! Le malheureux est chaque soir au théâtre. Si je suis en scène, il me mange des yeux; quand je suis dans ma loge, il rôde autour comme autour d'une chandelle un papillon. Les jeunes gens de Dijon, une sotte et cancanière engeance! sont vivement émus, et suivent avec une fièvre de curiosité les phases de ce petit roman provincial; il y a des paris d'engagés. Au milieu de cette effervescence, je suis d'un calme splendide, — en apparence; car au fond je suis animée d'une colère assez colorée envers le père; et j'ai pour le fils un âpre regret, fruit de l'amour-propre et de l'entêtement. Avouez qu'il est difficile de se disséquer avec une meilleure grâce.

Et vous, cher ange, que devenez-vous ? Comment menez-vous ces bienheureux drôles qui ont le droit de vous aimer et l'adresse de vous le prouver ? Quelle génération éclopée et infime ! Ces petits jeunes gens-là ont l'air de sortir de nourrice. Quel rien, et quelle fatuité ! Ils sont poussifs comme des danseuses, et bêtes comme des écuyers. Ils n'ont que deux talents : celui de s'essuyer les lèvres, comme s'ils venaient de boire du madère, celui de marcher comme s'ils venaient de monter à cheval. Ah ! les amusants petits bonshommes, avec leurs vices à bon marché, leurs ostentations, leur manque d'esprit, leur manque d'argent, apitoyant tout le monde, — et nous-mêmes, — des efforts qu'ils se donnent à paraître riches ; commanditant à plusieurs les caprices d'une femme ; subsistant de petites caresses et de grosses lâchetés ! Amoureux de papier mâché, gris d'un doigt de vin, sur les dents d'une nuit blanche, fatigués, usés, blasés, finis ! Ils se mettent à trois pour parier un louis sur un cheval qui appartient à un de leurs amis; ils fument leur cigare à la portière quand ils sont en coupé de louage, et on les rencontre au bal masqué avec leur papa!

Au revoir, ma belle mignonne. Je baise vos beaux yeux qui, je l'espère, ne m'envoient pas de grands vilains regards de courroux. Ah! si j'étais là-bas, je ne m'inquiéterais guère; mais de si loin, on a si peu de moyens de conviction !

Au revoir et mille baisers.

MATHILDE.

Marseille, décembre 1847.

Vous ririez bien de me voir vous écrire, ma chère Louise, sur un coin de toilette, tout encombrée de pommades et de peignes à bandeaux. Je vous écris de ma loge pendant un acte où je ne parais pas; mon encrier est tout près de mon rouge végétal; j'ai pour tabouret un carton à chapeau. Mon habilleuse dort ou à peu près. J'ai encore une demi-heure avant d'entendre la sonnette au foyer. Causons.

Dimanche prochain, le public de Marseille va être appelé à décider du renvoi ou de l'admission des artistes. La soirée sera, dit-on, des plus orageuses. — Comme dans beaucoup de villes de province soucieuses de ressembler à Paris, se montrer fantasque et irraisonnable est une preuve de haut goût et d'exigences motivées. Puis les jeunes gens et les officiers, toujours peu alliés, jugent la femme bien plus que l'actrice, et profitent souvent du tumulte et des discussions théâtrales pour vider des querelles de rivalité ou d'amour. Quant à moi, j'ai ici une réputation d'esprit qui me nuit auprès des négociants, seuls individus qui par leur position financière soient acceptables. Je suis pour eux un charme dangereux, une attraction malfaisante, un feu follet séduisant, mais qu'il faut bien se garder de suivre, car il vous entraînerait sur des routes pleines d'abîmes. Le soir, sur le quai, tous ces honnêtes richards du négoce, qui guettent leurs arrivages de coton et d'indigo, se pressent autour de moi, me regardent et m'écoutent; les plus osés me suivent jusqu'à ma porte, mais ils s'arrêtent à l'antre de la louve! — J'ai à la tête de mon parti un officier de marine dont vous seriez amoureuse, j'en suis sûre : un bon et brave garçon, gai et crâne, ami de mes amis, qui m'aime comme un niais, c'est-à-dire sérieusement et qui va se faire quelque affaire fâcheuse dimanche, j'en ai peur. Déjà hier, j'avais deux rôles pour ma soirée, et on avait dit dans la ville que quelques jeunes gens devaient commencer les hostilités contre les artistes. Mon officier s'en va, en grande tenue, l'épée au côté, se planter au milieu du parquet, deux de ses amis un peu plus loin pour le soutenir. Là, avant le lever du rideau, il fait grand tapage, et jure par tous les saints du paradis que le premier qui sifflera la perle du théâtre, madame Mathilde, sera souffleté par lui. Aussi ai-je été bien accueillie à mon entrée en scène. Il est vrai que mes costumes m'ont été envoyés par Babin, et qu'hier précisément j'avais de très-belles toilettes. Enfin nous verrons la décision de dimanche. Mon cœur est toujours le même, rempli du souvenir d'Alphonse, inaccessible à tout amour nouveau! Je n'ai pas encore d'amant et n'en prendrai que par intérêt : c'est ignoble! mais c'est ainsi!

Et vous, chère enfant, quelle nouvelle de bourse ou de cœur? Avez-vous trouvé un filon?

Croyez-moi, presque tous les hommes n'ont bien réellement qu'une valeur d'utilité. Êtes-vous toujours aussi remplie d'Octave? Celui-là est au moins un loyal et excellent cœur; et il offre à l'amour des circonstances atténuantes.

Envoyez-moi quelques notes de l'archet éblouissant de Musard. Cela me rappellera des jours de joyeuses folies, et d'ardentes fêtes, et de radieuses jouissances, jours que je ne regrette pas d'avoir vécu, que je ne regrette pas de ne plus vivre. — Mon entrée arrive.

Adieu, aimez-moi.

MATHILDE.

Marseille, décembre 1847.

Je ne veux pas manquer à votre découragement, ma pauvre chère amie. Si vous étiez heureuse, gaie, je serais moins empressée. Mais vous êtes triste, accablée de soucis, je me dois donc à vous.

Hélas! je comprends votre situation, je la sais d'expérience, dans chacune de ses phases, dans la plus mystérieuse de ses douleurs! Moi aussi j'ai passé par là! moi aussi j'ai supporté les gênes journalières, les privations silencieuses, les anxiétés résignées, les inquiétudes du lendemain, pour garder un amour en lequel ma folie avait foi, et qui empruntait surtout à mon imagination et à mes propres délires ses attraits les *is* séduisants, ses formes les plus charmantes! L'amour m'a quittée et la misère m'est restée. Ceci m'a été une déception profitable; car j'ai compris l'égoïsme des hommes ou leur insuffisance. On ne me reprendra plus aujourd'hui à avoir des transports d'ivresse dans une mansarde, à préférer une étoile à un diamant! à porter des robes d'indienne vertueuses, à négliger d'avoir des bas de soie! — Bien entendu que je ne parle pas d'Alphonse : son amour a été ma seule réalité vraiment enivrante, vraiment sincère et divine, sans désenchantement, sans rien qui soit venu faire réfléchir mon esprit ni glacer ma tendresse! Toute femme, quelque dépravée qu'elle soit devenue. porte en elle, dans un sanctuaire réservé, un nom, un souvenir, une rêverie, une croyance! Choses saintes et bénies qu'elle garde en elle, comme des perles au fond des vagues! qu'elle préserve des souillures et des atteintes honteuses de sa vie vagabonde et maudite! vers lesquelles elle se retourne aux heures du recueillement et de la pensée régénérée, et qui sont la religion de son esprit sans foi ni respect! — Alphonse est tout cela pour moi. Il est à part de ma vie, de mes froids raisonnements, de mes implacables dédains pour tout ce qui tient aux amours et aux amants. — Ceci posé, revenons à vous.

Je vous porte, chère enfant, un intérêt sympathique; je voudrais vous le prouver d'une victorieuse façon. Mais l'impuissance est là.

Devant la passion, l'esprit le plus clairvoyant n'a aucun succès. Je ne veux pas ergoter avec vous comme un pédagogue et chercher à vous extirper la folie amoureuse qui envahit aujourd'hui tout votre être; je n'y réussirais pas, je le sais d'avance; à quoi bon alors? Seul, le temps guérit d'aimer. Mais il nous est donné de souffrir, de souffrir longtemps avant de guérir. Les illusions tombent une à une, et si lentement qu'on est bien vieille quand le cœur en est vide. C'est un débarras qui ne se fait pas tout d'un coup. Mais le mieux, croyez-moi, se fait tous les jours. Tous les jours, sans que vous vous en doutiez, vous venez à moi.

Et l'on a beau faire, il y a toujours des choses qui reviennent! — Je ne sais l'autre jour, dans quel méchant vaudeville où je jouais, il y avait un couplet sur cet air triste qu'il aimait tant et qu'il chantait à ses heures de gaieté. Je me mis à me ressouvenir... Nous étions tous les deux dans une brasserie, aux portés de la Haye, — un petit jardin planté d'acacias; mes genoux touchaient ses genoux : rien ne nous venait aux lèvres à nous dire... Il m'a cueilli en route un gros bouquet de toutes sortes de vilaines fleurs; et j'étais à bout de bras de les porter. — La nuit venue, nous voulûmes revenir à travers champs. Il y avait de petits fossés avec de l'eau. Il me donnait la main pour sauter; à chaque fossé, c'était une histoire! Je mouillais mes bottines; et lui, riait.

Mais au nom de notre amitié, ne parlez jamais à Amédée de la confidence que je vous ai faite. S'il vous en parle, bien! mais ne prenez pas l'initiative. Alphonse est marié à présent; je ne veux pas que son ami me croie capable de le compromettre, en mettant son nom en villanelle, et l'histoire de nos amours en rondes que je chanterais à tue-tête sur les chemins. — Je compte sur vous.

MATHILDE.

Marseille, décembre 1847.

Aussitôt cette lettre reçue, ma belle amie, vous irez chez Bethmont, au coin de la rue Louis-le-Grand, et vous lui demanderez pourquoi il ne m'a pas envoyé mes bas rouges. Il me les faut absolument d'ici à mercredi.

Je vous écris toute triste. Mon officier de marine a été tué avant-hier par un jeune homme de la ville. Cela a eu du retentissement, de sorte qu'on me regarde un peu ici comme un phénomène.

Je vous recommande mes bas. J'en ai absolument besoin pour la semaine prochaine. Je ne comprends rien à ce retard. Le messager était payé.

Toute à vous.

MATHILDE.

Marseille, janvier 1848.

Que voulez-vous, ma bien chère Louise! la vie est une chose railleuse et hostile qu'il faut énormément de dépravation pour braver, ou une force de dédain philosophique plus énorme encore pour dominer. Les intelligences fortes et arrogantes y succombent souvent; comment nous, pauvres femmes, avec nos esprits délicats et frissonnants, nos cœurs peureux et faibles, pourrions-nous trouver la lutte victorieuse, la vaillance persévérante, la résignation pleine de grandeur et de courage?

Vraiment, vos ennemis sont une injustice de la Providence, un manque de goût du hasard; et si j'étais à leur place, vous n'auriez qu'à envier un peu de noir à votre ciel pour en changer l'azur éternel. Par malheur je ne suis ni la Providence ni le hasard; et je ne puis que vous prêcher une théorie peu élevée. Ce n'est pas la théorie de la conscience haute et fière, qui ne trouvant pas d'issue ici-bas transporte plus haut ses valeurs méconnues et ses blessures sans récompenses;

c'est tout prosaïquement de l'épicurisme d'œuvres, et de l'étourdissement moral.

Pour moi, je ne m'étourdis plus. A force de s'être soûlée à toutes les coupes des rêves et des erreurs de la vie, mon imagination a une si forte tête qu'elle ne peut plus se griser; et quant à mes sens... vous savez le respectueux silence que je garde aux morts...

Que vous dire! Tenir tête à l'orage, c'est de la folie présomptueuse; se laisser aller au courant, c'est de la lâcheté. Que faire alors ? — Allez, ma pauvre enfant, comme les condamnés qui, en faveur de leur arrêt impitoyable, trouvent partout autour d'eux l'accomplissement matériel de leurs funèbres et derniers désirs, nous qui sommes condamnées, de par les préjugés du monde, à un différent supplice, demandons aussi à la vie notre poulet et notre vin de Bordeaux.

Votre chambre est prête. Je vous attends.

Votre amie.

MATHILDE

CALINOT

Pauvre innocente vie que cette vie de Calinot, qui semble écrite tout entière pour une parade des Funambules ; écoulée doucement sans peur, sans reproche, sans haine, sans remords, sans regrets ; innocente comme une parade où Pierrot, — Pierrot le mime, Pierrot le muet, — où Pierrot parlerait !

---

[1] Calinot, à l'heure présente, est une figure très-populaire. Théodore Barrière en a fait une pièce, et chaque jour le petit journal augmente d'une naïveté nouvelle le chapitre des naïvetés de ce petit-fils de Lapalisse. Mais en 1852, lorsque nous avons pour la première fois biographié Calinot, ce n'était encore qu'une légende flottante dans la *blague* des ateliers.

C'est une parade, si bien une parade, que, lorsque Camille, le metteur en scène, le souffleur de toutes ces naïvetés,(1) n'est plus là pour lui donner la réplique, l'histoire et la légende prêtent toujours à Calinot pour partners de ses janotades deux autres drôlatiques. Vous savez ce seigneur de la légende allemande entre deux chevaliers qui chevauchent à côté de lui, l'un à sa droite, l'autre à sa gauche? Eh bien! comme le seigneur allemand Calinot chevauchait entre deux chevaliers : V... et L... — V..., c'était la phrase française en habit de marquis; — L..., c'était une mémoire qui toujours restait court, qui sans cesse buttait contre le mot propre, qui jamais ne le trouvait. C'est V... qui disait: « Il me semble que le crépuscule s'annonce, je vais mettre mon *peplum*; et encore, après avoir chaviré : « Je jure Dieu de ne plus mettre le pied dans cette caravelle! » C'est L... qui annonçait au piquet : « J'ai une tierce... en ce que tu sais bien, une quinte en ce que tu m'as dit, et un quatorze... en ce que tu viens de me dire. » Et ainsi il croissait, le bon Calinot, en grâces et en joyeux devis, entre ce lexique des *Précieuses*

(1) Le Monsieur de Tabarin.

ridicules et cet incurable oublieur, entre ce purisme et cette paralysie !

Parades ! — races perdues ! ô vieux pitres ! tout ce cortége de Momus populaire, les rires larges et les grosses bêtises, les paternelles niaiseries ! Pantalons et Cassandres, vieux faiseurs de gaieté qu'on ressuscitait tout à l'heure, — ô Lapalisse ! aïeul des naïvetés, — je vous le dis : Bobèche revivait en cet homme.

Et l'atelier, qui s'ennuyait de Jocrisse, s'est mis à compiler l'*enchiridion* de Calinot, avec un culte de philologue, et l'a augmenté, et l'a enrichi, et l'a pourléché, et s'est mis à déclamer ainsi ornée, cette rapsodie du théâtre de la Foire, pour faire suite à celle que chantait Dancourt en sortant du cabaret de la *Cornemuse*, en sorte que les écouteurs ont fini par être aussi incrédules à l'endroit de l'existence de Calinot qu'à l'endroit de l'archevêque Turpin.

Et pourtant il a si bien vécu, ce mortel désopilant, — qu'un jour il est mort — du choléra.

L'existence de Calinot a toutes sortes de tableaux : Calinot restaurateur, — Calinot logeur, — Calinot commis, — Calinot garde national.

S'il fut tout cela, nul ne l'a jamais bien su. Le savait-il lui même? Il était de si bonne composition et faisait si peu de résistance à laisser mettre la main à ses souvenirs à y laisser ajouter! — Un beau jour, Camille lui persuada qu'il avait été marin; et, depuis ce jour-là, Calinot se rappelait tout au moins une fois par mois ses impressions de la *Tremblante.*

Un grand corps monté sur des jambes d'échassier; là-dessus, une tête blonde, chauve, inculte; de la barbe; les yeux bonasses; la tête ballant en avant; dans la pose, quelque chose comme le profil d'une canne à bec de corbin; une voix pleine d'embarras, obstruée de bredouillements, notée tout au long de notes innotables; — c'est ainsi fait qu'il a traversé la vie avec des vêtements trop larges sur son corps maigre, faisant rire tout le monde, et s'amusant de voir rire tout le monde.

Les tréteaux du Pont-Neuf ont eu leurs sténographes; pourquoi laisserait-on perdre ce monument de la *bêtise* française?

A côté de cette épopée de cynisme, toute sanglante, de cet « Allons-y gaiement! » de *l'Ab-*

baye de Monte-à-regret, — Jean Hiroux, — Calinot a sa place : c'est un lever de rideau avant la grande pièce.

Enfant, Calinot, en revenant de l'école, se bat avec un camarade, et attrape une grande écorchure au front. Au dîner, son père lui dit : Qu'est-ce que tu as là? — Papa, j'ai rien. — Mais si, tu as quelque chose. — Je me suis mordu au front! — Imbécile! est-ce qu'on se mord au front? — Tiens! je suis monté sur une chaise.

⁂

Moi, j'aime bien mieux la lune que le soleil. Le soleil, à quoi ça sert? Il vient quand il fait jour, ce feignant-là! Au lieu que la lune, ça sert à quelque chose : ça éclaire.

⁂

CAMILLE. — Veux-tu me mesurer ce tableau?
CALINOT. — Avec quoi?
CAMILLE. — Prends le mètre, il est sur la table.
CALINOT, mesurant : — Un mètre... heu... heu...
CAMILLE. — Eh bien! combien a-t-il?
CALINOT. — J'sais pas : le mètre n'est pas assez long.

⁂

CAMILLE. — Prends garde à ta pie, voilà le chat.
CALINOT. — Laisse donc! une pie, ça vit cent ans!

« Monsieur,

« Envoyez-moi les deux Boissieu que je vous ai demandés..... » Ici le marchand de tableaux meurt. Calinot finit la lettre : « Je vous écris le reste par la main de Calinot, mon premier commis, vu que je viens de mourir d'une attaque d'apoplexie. »

CAMILLE. — Que tu es bête !
CALINOT. — C'est pas malin si je suis bête, on m'a changé en nourrice !

Calinot voit un moineau dans le jardin de Camille ; il l'ajuste. Il n'était pas bien pour le tirer ; il remonte l'escalier à pas de loup ; il ouvre bien doucement la porte de Camille, bien doucement la fenêtre de Camille qui dormait. — Pan !

CAMILLE, se réveillant en sursaut. — Hé ?..... hein ? quoi ?
CALINOT. — Tiens ! j'avais tiré tout doucement.

« Moi, d'abord, je n'aime pas les lâchetés. Quand j'écris une lettre anonyme, je la signe toujours. »

*
* *

A M. le maître d'hôtel du Cheval blanc,
à Rouen (Seine-Inférieure).

« Monsieur,

» Je vous prie de me renvoyer mon couteau-poignard que j'ai oublié sous mon traversin dans la chambre n° 23.

» Votre dévoué,

» Calinot. »

En cachetant la lettre, Calinot retrouve son couteau-poignard.

« *Post-scriptum*. — Ne vous donnez pas la peine de chercher mon couteau-poignard ; je l'ai retrouvé. »

Camille. — Tu es bête !... puisque tu l'as retrouvé...

Calinot. — C'est trop fort ! Tu eux donc que cet homme s'échine à chercher mon couteau-poignard ?

*
* *

« Sont-ils bêtes ces gens qui donnent une lettre à un commissionnaire ! ils se figurent qu'il la porte ; il ne la porte jamais. Moi, quand je veux être sûr, je vais toujours avec le commissionnaire. »

*
* *

On proposait un parti à Calinot :

— Que diable veux-tu que je l'épouse, elle a le double de mon âge.

CAMILLE. — Qu'est-ce que ça te fait?
CALINOT. — Songe donc! quand j'aurai cinquante ans, elle sera centenaire.

⁂

CAMILLE. — Tâche donc de me rapporter des allumettes qui aillent.

Calinot remonte avec des allumettes.

CAMILLE. — Cré mâtin! elles ne vont pas tes allumettes!
CALINOT. — C'est bien drôle, ça; je les ai toutes essayées!

⁂

CALINOT, logeur. — Oh! monsieur, à tous les prix : dix, quinze, vingt-cinq. Voyez : la chambre est bien; c'est propre; il y a des rideaux, une table de nuit...
— Qu'est-ce que c'est que ça?
— C'est une truelle.
— Et ça?
— Du plâtre et du verre pilé.
— Tiens! pourquoi donc?
— C'est très-commode. Figurez-vous, monsieur, que la maison est infestée de rats. Quand vous en voyez un, vous sautez sur la truelle et vous bouchez le trou. Dans les chambres à quinze francs, ils vous mangeraient le nez : on vous donne un masque en verre.

⁂

Dans son jardin de Romainville, Calinot avait un tas de gravois.

Camille. — Fais un trou, tu mettras ça dedans.
Calinot n'avait plus de gravois, mais il avait un tas de terre. « C'est que je ne l'ai pas fait assez grand ! »

⁂

Calinot disait : « Napoléon !... un ambiteux ! S'il était resté capitaine d'artillerie et mari de Joséphine, il administrerait encore la France ! »

⁂

Calinot, capitaine instructeur : « Eh ! là-bas, qu'est-ce qui lève les deux jambes ? »

⁂

Calinot, aux journées de juin : « Si je fais arriver mes hommes tous de front, les malheureux, ils vont tous être mitraillés !... Si je faisais tête de colonne à droite, tête de colonne à gauche ? — » Il commande : « Tour droite ! tour gauche ! » Tout le monde fait tour complet. Une fusillade terrible part de la barricade. La compagnie de Calinot est criblée. Le général arrive bride abattue : « Imbécile ! vous faites tuer tous vos hommes ! — Ah ! taisez-vous donc ! ça fait bien moins de mal que dans la poitrine ! »

⁂

Calinot était à deviner un rébus du *Charivari* dans un café. — Le gazier sonne pour prévenir qu'il va éteindre. Au bout de cinq minutes, Calinot, toujours à son rébus, dit : Eh ben ! a-t-il éteint, cet imbécile ?

⁂

Calinot. — Je viens de rendre service à un vieux camarade de la *Tremblante*. Ce pauvre diable! il n'avait pas mangé depuis deux jours. Je l'ai fait entrer dans une allée, je lui ai donné mes bottes.

Camille. — Et toi, comment t'es-tu en allé?

Calinot. — Ah! tu demandes toujours des explications.

⁂

Camille. — Mon escalier est noir comme le diable. Prends ce bout de bougie.

Calinot, au bas de l'escalier. — Les artistes sont si pauvres! Il en reste encore un grand bout. — Calinot remonte la bougie.

⁂

Calinot au Salon. — Ducornet... né sans bras... Qu'éque ça fait, s'il a des mains?

⁂

Camille. — Eh bien! tu ne viens pas à l'enterrement de mademoiselle Mars? tous les artistes y seront.

Calinot. — Je ne vais à l'enterrement des gens que quand ils viennent au mien.

⁂

Camille donne à Calinot une canne avec une très-belle

pomme de Saxe. La canne est trop grande pour Calinot. — Calinot la rogne de la pomme.

CAMILLE. — Pourquoi ne l'as-tu pas rognée du bas ?

CALINOT. — C'était en haut qu'elle me gênait.

⁂

CALINOT malade, se plaignant de la sonnerie des cloches, qui lui brise la tête : — Pourquoi qu'on n'a pas mis de la paille dans la rue ?

⁂

CALINOT, mourant du choléra. — Je meurs comme le Christ, à quarante-trois ans.

CAMILLE. — Tu te trompes, mon ami, il est mort à trente-trois ans.

CALINOT. — Eh ben ! il est mort dix ans trop tôt.

ÉDOUARD OURLIAC

En ce temps-là, c'était le beau temps, le beau temps et l'âge d'or du roman. Par ces années de grâce littéraire, il y avait beaucoup de gens qui faisaient des livres, et il y avait, de gens qui en lisaient, plus encore que de gens qui en faisaient. Le lecteur de 1830 était un lecteur dévoué, incomparable, héroïque, inassouvi : il lisait tout. Que le livre eût un titre un peu affriandeur, le livre était enlevé. En ce temps, les maîtresses de cabinet de lecture, à ficeler les paquets de leurs abonnés, avaient les doigts comme des maîtresses de maison qui couvrent leurs confitures.

Aux vitrines, les lithographies pleines de meurtres, de femmes renversées par terre, de mares de sang, de lumières de coups de pistolets, de malédictions paternelles, s'étouffaient l'une l'autre. Ces lithographies étaient d'un *faire* féroce. Elles étaient plus hautes en couleur, et plus énergiquement crayonnées, et plus tirant l'œil les unes que les autres : on aurait dit des saltimbanques qui se disputent la foule à renfort de tapage. — Édouard Ourliac fit son entrée dans le monde littéraire à coups de lithographies; la première annonçait *l'Archevêque et la Protestante* (1832); celle qui suivit, *Jeanne la Noire* (1833). L'éditeur était Lachapelle, cet audacieux d'alors qui imprimait à peu près tout ce qu'on lui apportait, à la condition qu'on lui donnerait gratis un second roman, si le premier faisait son bout de chemin. Madame Cardinal, de la rue des Canettes, la bibliothécaire du roman moderne, vous dira qu'Ourliac lui recommandait de passer sous silence ces deux péchés de jeunesse, à qui lui demanderait son œuvre.

La voie d'Ourliac, Balzac l'a définie d'un mot Ourliac retournait l'ironie de Candide contre la philosophie de Voltaire; et de l'ironie il essaya toujours de faire une arme d'Église. Il se moqua au nom du Christ. Là est l'originalité du talent d'Ourliac. Ne lui demandez ni une forme neuve, ni un cadre bien original. Il a un peu lu, et malheureusement il a beaucoup retenu. Mais où il est bien lui, comme mode d'idées, c'est dans ces nouvelles où il exhorte à la religion en raillant le siècle, et paradoxant *ad majorem Dei gloriam*. Cette façon singulière de faire servir à la maison du Seigneur les étais de la maison du diable, marquait un esprit osé, décidé à faire flèche de tout bois. Elle parut sans doute de bon aloi à de plus casuistes que nous; et Ourliac fit école de Rabelais de sacristie.

Peut-être bien, en ces baliverneries sérieuses et de consciences, y a-t-il un grain de trop gros paradoxe, et le réquisitoire du chrétien pourrait-il être moins partial. Peut-être bien y a-t-il exagération à mettre comme dans *l'Épicurien*, toujours l'indigestion à côté du souper, l'hôpital après l'amour, la santé à côté du jeûne et des macérations. Mais cela est sauvé par l'intention.

— Puis, ces rieuses morsures d'un esprit antirévolutionnaire, il en use à toute outrance contre le journal, dans le conte humoristique des *Phillophages*. Les colères qui s'allument, les pavés qui se remuent, les gamins qui deviennent des héros, les révolutions qui mijotent, toutes les catastrophes privées et sociales, il porte tout cela au compte de ce carré de papier qu'on passe sous les portes le matin. La presse est pour lui « une correspondance bien réglée entre quelques gens qui ne pensent guère, et beaucoup qui ne pensent pas ». — Là, dans le *Bien des pauvres*, c'est une ménippée, le rire aux lèvres, contre les hôpitaux, ou pour mieux parler contre la charité constitutionnelle Ourliac dit tous les biens de l'administration des hôpitaux et hospices civils de la ville de Paris. Il s'étend sur les difficultés de résoudre le problème d'obtenir entrée dans un hôpital sans être tout à fait mort. Il montre le médecin plus ami de la science que du malade. Il fait les infirmiers ivres, la miséricorde et la sollicitude nulles en cette maison des pauvres; et comme le conte approche de la fin, un curé entre en scène, qui argumente contre les réconforts laïques, appelant les hôpitaux « une voirie », et recommence le procès aux spoliateurs du clergé. Mais le pauvre Ourliac devait mourir dans une manière d'hôpital, et on ne peut guère ui en vouloir de s'être vengé par avance.

Ourliac était un petit homme imberbe comme un acteur, et pâle. Son teint était bilieux, son œil pétillant. Des lèvres minces et faites à point pour le persiflage complétaient un remarquable masque d'ironie. « Il n'avait rien, — dit-il quelque part de lui, sans se nommer, — il n'avait rien qui prévînt en sa faveur; point de cet air de franchise et d'étourderie qui sied à un jeune homme; une tenue circonspecte, peu de taille, un teint maladif, un visage désagréable, qui frappait pourtant; des traits mobiles, expressifs quand il s'animait, et un sourire qui n'était pas sans grâce. » Quand il avait bu, de pâle Ourliac passait blême; et alors, dans les dandinements et l'excitation de l'ivresse, son esprit mal d'aplomb entre la fièvre de tête et le mal de cœur, son esprit « mal réglé, peu choisi, tourné au sarcasme, mais fort plaisant », éclatait en pantagruéliques gaudisseries. Facétiant comme un Triboulet de lettres, il jetait au hasard ses joyeusetés intarissables. Il semblait qu'il tirât au sort dans une casquette les mots et les idées ; et des phrases insolites, les plus étranges défis à la grammaire, des lazzis en dehors de toute syntaxe, toute une langue tordue comme un kriss malais, toute une littérature à lui, macaronique et inimitable, s'envolait de sa bouche crispée par les tournoiements de l'ébriété. Au milieu des rires qui accueillaient ses saillies, il restait grave et blême, presque humilié d'une galerie, comme un Debureau sur une chaise curule. Et, chose étonnante, de ce Pierrot dont il avait si bien la face, il avait aussi les mignons vices ; il eût très-bien passé par les sept compartiments d'un dessin allemand des sept péchés capitaux. Il était voluptueux, goinfre, ladre, et., prudent ; si prudent qu'il persuadait souvent le soir à un de ses amis qui s'en retournait de la rue d'Alger rue des Petits-Champs, que son plus court était de passer par les Batignolles. Ainsi, Ourliac se faisait reconduire jusque chez lui ; mais il faut dire qu'il payait la reconduite de C... et charmait le chemin par des romans, récits, histoires, propos, bons contes, pantalonnades à dérider même un critique de livres ou un habitué de théâtres.

Quand, rompant sa chaîne de famille, et parti tout un jour de la maison paternelle, Ourliac courait les cabarets autour de Paris avec une bande d'amis, des artistes et des écrivains de son âge, — qui maintenant sont d'aucuns des gens décorés et d'autres des maris, — Ourliac lâchait toute bride à sa verve. Il improvisait des chansons burlesques que les joyeux faisaient redire à tous les échos de la route du retour :

> Le père de la demoiselle,
> Un monsieur fort bien,
> En culotte de peau,
> Qui voulait tout savoir !

Sa licence, en ces parties de campagne, passait celle de tous autres ; elle s'égayait jusqu'aux extrêmes crudités du cynisme ; puis, quand sa farce de l'après-dîner avait tout à fait sombré dans l'ivresse, et qu'on le jetait dans une voiture, Ourliac, à qui le vin « reprochait », comme lui disait son ami Henri Monnier, était pris de terreurs et de remords. Des réminiscences religieuses l'assaillaient. Les souvenirs de son enfance passée chez les jésuites lui revenaient dans la conscience; et comme un évadé du purgatoire menacé d'une extradition, le glorieux paillard de tout à l'heure, étourdi, se persuadant que l'omnibus allait sur lui-même comme un toton, Ourliac disait à demi-voix, d'un ton effrayé : « Voilà sept fois que ce cocher fait tourner la voiture; et cependant je ne l'ai pas mérité ! »

A ces petites fêtes sous les treille de la banlieue, quand il s'agissait de payer l'écot, Ourliac n'avait jamais que quarante sous dans sa poche. C'était le « *nec plus ultrà* » de son appoint. On parfaisait le compte et tout était dit pour les amis d'Ourliac, mais non pour Ourliac. Il prenait de ces petites générosités subies, dont il ne devait rancune qu'à son avarice, une amertume et une âcreté de ressentiment qui devait plus tard éclater dans *Collinet*. Écoutez avec quelle vivacité et quel fiel amassé il met certains souvenirs dans son héros : « Il se sentait à certains égards au-dessous de ces jeunes gens bien vêtus qui lui faisaient politesse. Il se crut, du moins, obligé de les divertir. Il les défrayait du reste par des bouffonneries qu'il savait bien lui-même affectées de mauvais goût... Il plaisantait parce qu'il était pauvre, et que ces jeunes gens étaient riches; parce qu'il n'avait pas soupé, et qu'ils soupaient; parce qu'il était triste, affamé, parasite, indiscret; il plaisantait pour qu'on lui pardonnât, pour qu'on ne lui fît pas affront; lui qui avait du talent et de l'esprit, il plaisantait pour un déjeuner. »

Mais si vous voulez entrer en intime connaissance avec le fond de l'homme, lisez *Suzanne*. C'est le « moi » d'Ourliac se confessant lui-même, que ce livre. Tout le mauvais qu'il portait en lui, il se l'avoue, se souciant peu que ses amis le reconnaissent au visage, et faisant l'autopsie de ses misères morales avec un détail patient et une brutale franchise. La peinture de ces défaillances, de ce travail de l'envie, de ces exagérations poétiques, de cette sécheresse de cœur, de ce lyrisme aposté, de ces élans calculés, de ce despotisme d'égoïsme, de cette inquiétude de cerveau, de cette paresse de résolution et d'œuvre, de ces expansions épistolaires qui prenaient Ourliac à ses réveils d'orgie, de cette vanité sans entrailles, de cette intuition un peu obtuse du sentiment de l'honneur en l'attente du frein religieux, toutes ces maladies de l'esprit analysées à la loupe, et impartialement rapportées, donnent à *Suzanne* l'intérêt d'une dissection sur le vif. Quand M. d'Hautberchamp viendra lui demander raison, Lareynie ne rougira pas d'avouer qu'il a peur. Il ne tournera pas sa lâcheté en paradoxe nouveau : il jouera une merveilleuse scène de Tartuffe couard. Quand Lareynie a fait que mademoiselle des Ilets l'aime, il faut voir jusqu'au bout l'agonie de cette malheureuse, tuée à coups d'épingle, et les jalousies sans amour de Lareynie et les froides insultes. Il y a dans ce caractère un venin d'envie, un ragoût d'hypocrisie et de cruauté. Puis mademoiselle des Ilets martyrisée longuement, sciemment, impitoyablement, une fois morte de par lui, lorsqu'une révolution soudaine s'est faite en ce Lareynie, lorsqu'il s'est jeté à la religion, quand toute cette mauvaise instinctivité, toute cette méchante vie, ce méchant cœur, et ce cabotinage, il les a eu cachés sous une soutane, même chrétien, Lareynie ne s'humilie pas.

Le vieil homme reparaît avec le vieux levain; et s'en prenant à l'état de la société et au temps, aux approches d'un an Mil social, d'avoir été le bourreau d'une femme, il jette au siècle son restant d'hypocondrie : « Je devais rester et mourir dans la condition où j'étais né. Mais dans quel malheureux temps vivons-nous? Quelle tempête a soulevé la lie de la société? Quelle politique insensée a rompu toute barrière et déchaîné toute passion? Quel anathème pèse sur cette jeunesse sans frein, sans principes, sans tradition, déshéritée, desséchée dans sa fleur comme une moisson maudite? »

Suzanne est l'œuvre capitale d'Ourliac. C'est une des plus consciencieuses, des plus fidèles, des plus habiles, des plus remarquables analyses de caractère **qui nous aient été données** depuis 1830.

Malheureusement, il faut revenir à cela : chez Ourliac, les ressouvenirs de style, d'intrigue et d'inventions épisodiques percent le fond presque partout. *Collinet,* — *Collinet* duquel la *Revue parisienne* prophétisait : « c'est une puissante et belle comédie dont on tirera peut-être

quelque misérable vaudeville », — *Collinet* contient, déshabillée en prose, toute une scène du *Roi s'amuse*. *Psyllé* est du Perrault battu avec du Swift. *Les Noces d'Eustache Plumet* se ressentent du compagnonnage de Monnier. La *Légende apocryphe* emprunte au grand humoriste du XVIe siècle sa phrase énumératoire et chargée de mots. Dans *Suzanne*, on l'a dit, mademoiselle des Ilets est un calque de mademoiselle Delachaux de *Ceci c'est pas un conte*, de Diderot. Peters est parent de Krespel; cette scène fraîche du violon aux Champs-Élysées dans *Geneviève*, on la retrouve encore dans *Suzanne*. Dans la *Confession de Nazarille*, vous vous choquerez à des réminiscences flagrantes d'Eugène Sue, à des profils visiblement dessinés sur les deux profils de Ruy Blas et de don Salluste. Au reste, sur cette dernière œuvre, Ourliac n'avait pas grande illusion : « Je l'ai écrite en courant,
» — écrivait-il, — sans copie; je n'en ai point
» corrigé les épreuves, et j'en suis sur les épines.
» Ces morceaux si courts ne font jamais grand
» bien, quel que soit leur mérite; mais ils suf-
» fisent souvent à donner une idée parfaite de la

» pauvreté de l'auteur. C'est compromettant,
» comme on dit. Je crains que celui-là ne soit
» de ce dernier genre. »

En dehors de sa verve de partisan catholique, Ourliac a la recherche du cœur humain poussée jusqu'à l'infinitésimal psychologique, l'observation épigrammatique, le tour vif et relevé de saillies. S'il avait eu moins de mémoire, un procédé de style plus fertile et plus varié, nul doute qu'il n'eût fait sa place grande. Je ne citerai comme exemple de son talent débarrassé des préoccupations polémiques que cette *Physiologie de l'écolier*, un petit chef-d'œuvre, où laissant venir à lui, comme Jésus, les petits enfants, il a narré finement, joliment, curieusement, les mœurs et les allures de ces petites âmes qui apprennent l'espièglerie mieux que toute autre chose. Là, son analyse est charmante. Elle est comme une récréation dans une cour de pension.

Mais ce qui fit le plus pour la réputation d'Ourliac, ce fut un petit volume in-18, publié rue Cassette. L'exemplaire que j'en ai là porte par hasard, comme revêtement de sa garde, « la

Cloche, l'Encensoir et la Rose, » chapitre 53 de quelque livre poétiquement mystique édité chez Waille.

Les *Contes du Bocage*, où vous avez lu cette belle supercherie filiale de mademoiselle de la Charnaye faisant accroire au vieux marquis aveugle les succès continus des chouans, alors que les bleus, enfin vainqueurs, traquent de buissons en buissons les obscurs Philopémens de la Vendée ; les *Contes du Bocage*, tout ardents de l'esprit royaliste, valurent à Ourliac les chaudes sympathies de la presse religieuse.

Ourliac s'était marié. La Bruyère dit quelque part : « L'on ne voit point faire de vœux ni de pèlerinages pour obtenir d'un saint d'avoir l'esprit plus doux, l'âme plus reconnaissante, d'être plus équitable et moins malfaisant, d'être guéri de la vanité, de l'inquiétude et de la mauvaise raillerie. » — Le mariage ne fut pas heureux. Toutefois, on en était encore aux années de miel, et Ourliac, sur les bords de la Loire, veillait paternellement, l'esprit détendu et reposé, au succès de son petit volume. Il écrivait alors :
« 15 août 1843... Nous avons tous les soirs ici

» des nuits d'Opéra, une belle et pleine lune de
» l'autre côté de la rivière qui s'épanouit à tra-
» vers nos feuillages comme une bombe lumi-
» neuse. De tous les coins de notre terrasse, le
» paysage fait tableau... Je suis entouré de belles
» choses à quatre ou cinq lieues de distance; j'ai
» visité avant-hier le château d'Azay sur l'Indre.
» J'ai toutes les peines du monde à croire que
» Chenonceaux soit plus beau : une vraie vi-
» gnette anglaise, de la renaissance toute pure!
» et un parc! et des eaux! La vallée d'Azay est
» celle du *Lys dans la vallée.* Les habitants sont
» furieux contre l'auteur qui a trouvé leurs
» femmes laides... Je pêche à la ligne sans aller
» bien loin et avec succès. Je n'ai qu'à me baisser
» pour en prendre. Je pêche les ablettes par
» soixantaine. Je trouve à ce prix que tout ce
» qu'on a dit là-dessus sont des calomnies. C'est
» une belle chose que Paris; mais je n'en per-
» siste pas moins à croire que nous ferions bien,
» sur le retour, de nous en venir par ici planter
» nos choux avec quatre ou cinq amis sensés. La
» nourriture saine, le bon vin, le repos, les jar-
» dins, le loisir, ont bien leur mérite. J'ajouterai

» qu'il y a ici de certains vins qui valent le cham-
» pagne. » Cet apaisement de l'idée, ce calme, cet accommodement de l'esprit aux jouissances terrestres, ce souffle d'Horace, cette pente à une honnête « humerie » ne tinrent guère contre les avances et les engagements du parti catholique; et à quelque temps de là, Ourliac remerciait un rédacteur du *National* d'un compte rendu favorable, en essayant de le convertir, quatre pages de lettre durant.

Dès lors Ourliac appartenait à *l'Univers*, où il apporta les qualités de son esprit. Mais de ce corps malingre, épuisé, travaillé de longue main par les agitations et les anxiétés morales, une maladie de poitrine eut bon marché; et Ourliac, encore bien jeune, mourut à la maison de Saint-Jean-de-Dieu, rue Plumet.

BÉNÉDICT

Il habitait un divan vert quand je l'ai connu Il avait pour draps un rideau en percaline lorsque les draps étaient à la blanchisseuse, et pour couverture un manteau d'Ojibewas en peau, tatoué en rouge de mille figures qui avaient peut-être l'intention de représenter une chasse aux bisons.

Le grand-père de Bénédict avait été un peintre de genre connu, et un vignettiste couru au temps où les journaux de mode recommandaient aux élégantes les *casques à la romaine* en satin jaune, les *robes à l'anglaise*, et les *sabots chinois* garnis de falbalas roses.

Son père était un mathématicien distingué.

A dix-sept ans, Bénédict, qui se destinait à Saint-Cyr, entra à l'école préparatoire de M. Loriol. — Il y passa un an, et y apprit le cornet à piston.

Bénédict revint chez son père, et se mit à travailler pour passer son baccalauréat.

Le père de Bénédict était attaqué de la poitrine. Il partit pour la Touraine. Dix jours après son départ, il reçut une lettre de son fils, qui lui demandait 300 fr. pour acheter un canot. Le bonhomme, qui n'avait plus grande force pour refuser, envoya l'argent.

Le canot de Bénédict lui amena des amis, et entre autres un jeune homme nommé Armand, entrepreneur des peintures au Jardin des plantes où son père était gardien en chef. Armand avait obtenu de dresser un petit théâtre dans une des serres; et les amis d'Armand répétaient là, avec leurs maîtresses, quelques petits vaudevilles qu'ils avaient l'ambition de jouer à Chantereine. Deux ou trois femmes dépareillées s'étaient jointes à la troupe bénévole. Gaillardement on détonnait le couplet. Les Finettes et les Nérines avaient cette volubilité de langue nécessaire pour traduire les Regnards du Palais-Royal. Presque tous les soirs, les répétitions avaient lieu au Jardin des plantes. Les acteurs étaient bien près de se prendre au sérieux, et les actrices jouaient pour sourire. Le public prié était indulgent comme un public qui ne paye pas; et M. de Saint-Albine eût reconnu que ce n'était pas demander l'impossible à ces comédiens de la prime jeunesse, que d'exiger « quand ils jouaient ensemble des scènes tendres, qu'ils fussent, pour ce moment, épris l'un de l'autre » Et si bien ils l'étaient, qu'une belle blonde qui répondait au nom de Jenny, et qui avait pour 4000 fr. de meubles rue de Richelieu, prit Bénédict en affection.

Aux beaux jours, ils firent rouler tout aux environs de Paris leur chariot de Thespis. Ils jouèrent partout, — les beaux fils et les belles filles, — sur des planches posées sur des tonneaux, avec des lustres faits d'une herse où l'on plantait des bougies, quelquefois au profit d'eux-mêmes, souvent au profit des pauvres. — Bénédict passa l'été à apprendre dans la journée ses rôles pour le soir, par tous les sentiers de Chatou et de Saint-Cloud, sa Jenny au bras : il lui donnait le ton de ses couplets, elle lui donnait la réplique de son amour.

Mais voilà qu'il n'y a plus d'argent chez mademoiselle Jenny. Les meubles s'en vont. L'oreiller tout passequillé de rubans bleus, et le lit, et le tapis, et les chauffeuses, tout cela s'envole. — Bénédict n'hésita pas. Il prit sa maîtresse avec lui, dans l'appartement de son père. Les 125 fr. par mois qu'il touchait pour ses dépenses de poche ne lui suffisant plus, il réfléchit qu'il y avait trois pendules dans l'appartement, et que trois pendules cela faisait deux redites. Il mit deux pendules au mont-de-piété. Il réfléchit encore qu'un Voltaire en 95 volumes était une édition gênante, et en quatre voyages, aidé de sa maîtresse, il le déménagea chez madame Mansut.

Un matin, le portier de la maison entra tout effaré dans la chambre de Bénédict, et lui dit : « Monsieur, votre père qui est en bas ! » — Bénédict descendit. — « Je sais tout, — lui dit son père. — Je vous donne huit jours pour que cette créature quitte la maison. Je reviendrai dans huit jours. »

Le jour même, Bénédict alla louer une petite chambre faubourg du Temple. Un ami le mena chez un juif du quai de la Tournelle, qui, moyennant des billets payables à sa majorité, lui fournit un mobilier en noyer de 700 fr. Bénédict s'installa là-dedans avec Jenny.

L'argent du père s'arrêta; et la misère frappa, brutale, au logis. La femme qui jadis ne fatiguait ses doigts qu'à porter des bouquets, se mit à piquer des selles de luxe et à colorier des images, se levant au matin pour ne cesser de travailler que l'aiguille ou le pinceau lui tombant des mains de fatigue, à onze heures ou minuit. Bénédict trouva à occuper sa journée au télégraphe qu'essayait alors de monter l'abbé Gonon. Il gagnait cent sous par jour, et le soir il pliait des enveloppes qui lui étaient payées 3 fr. le mille. Pourtant, en cette dure vie, et en cette chambre ouvrière, l'amour mettait des chansons. Un ou deux de leurs anciens camarades venaient encore le soir, et alors on se contait, à un petit feu avare de cotrets, quelques souvenirs des anciennes comédies qu'on répétait sur l'herbe. Souvent une actrice du Vaudeville, morte depuis, madame B..., qui connaissait Jenny, venait voir le jeune couple, traversant comme une fée leurs ennuis journaliers, les égayant à ses grâces d'oiseau, à ses chants de fauvette; et sachant que leur tirelire fuyait, hélas! elle les emmenait dîner avec elle, ne voulant pas de leur écot, et leur disant qu'ils payeraient la prochaine fois.

« Bénédict, — dit un jour Jenny, nous avons assez mangé de misère comme ça. Il serait temps de nous retourner. On m'offre 1800 fr. pour aller à Limoges.

— Qui ça?

— Le directeur donc, M. Carrier de Richaux. Tu peux encore t'arranger avec ton père. C'est un service que je te rends en m'en allant là-bas. Je t'écrirai, d'ailleurs. »

A vingt-quatre heures de là, Bénédict frappait à la porte de la maison de santé du docteur Hoffmann, avenue Fortuné. C'était là qu'était venu habiter son père. La maladie l'avait gagné, et il sentait qu'elle ne devait plus s'en aller qu'avec lui.

« Mon père, — dit Bénédict, quand il fut en face du vieillard, je vais me faire comédien. »

Le vieillard pâlit soudainement, et porta son mouchoir à sa bouche. Il ne répondit pas.

« J'ai un engagement de premier comique pour Limoges, à 1500 fr. par an; mais je n'ai rien pour m'acheter de perruques et des costumes, et j'ai compté sur vous. »

Le vieillard dit à Bénédict : « **Revenez demain.** »

Le lendemain, le père était au lit. Il prit un billet de cinq cents francs dans un portefeuille sur sa table de nuit, le tendit à Bénédict, avec ce seul mot : « Partez. »

Bénédict descendit l'escalier, se **jeta dans un** cabriolet, et fondit en larmes.

. . . .

Le jour où le théâtre de Limoges fit son ouverture, il arriva à Bénédict une chose assez romanesque. Le spectacle commençait par une sorte de prologue pot-pourri, où tous les personnages de la troupe paraissaient successivement, Bénédict fut placé dans l'avant-scène de droite. C'était là qu'il devait jouer son fragment de rôle. L'avant-scène de droite avait été louée pour madame la générale de R... et ses deux filles. Mais le directeur avait obtenu d'elle qu'elle voulût bien permettre qu'un étranger de passage dans la ville prît place dans sa loge. Voici donc Bénédict installé dans la loge de la générale, en habit noir et ganté frais. Il avait encore une tournure de fils de famille, et ses gestes, et les mille riens de la pose et du regard disaient un homme bien né. La conversation s'engagea entre madame de R... et Bénédict, madame de R... lui demandant « s'il croyait à une bonne troupe », et lui, répondant « qu'il n'avait pas grande confiance dans ces cabotins de province ; et madame de R. . — « Vous êtes de passage ? — Quelques jours seulement... — Jolie actrice que cette blonde... — Peuh ! — Et où habitez-vous ? A l'hôtel de la Promenade, madame. — C'est le meilleur. — C'est le seul, m'a-t-on dit. » La conversation allait le même train que le prologue quand, à ces mots de l'actrice en scène « : Et pas de premier comique ! » Bénédict, soudain levé et comme entrant dans la voix d'Arnal : « Le premier comique demandé voilà ! » — Puis il acheva son bout de rôle, le public riant, madame de R....toute rouge, et ses filles se retournant pour voir. — « Oh! madame, — dit Bénédict en s'inclinant bien bas, quand il eut fini, — que d'excuses! — Cela n'en vaut vraiment pas la peine, monsieur », répondit madame de R..., d'un ton piqué.

Deux mois se passèrent. — Un soir où Bénédict jouait *Babiole et Joblot*, à sa sortie, à la deuxième scène, il reçut une lettre qui portait ceci : « Monsieur, votre père vient de mourir. Veuillez venir à Paris le plus tôt possible, et passer à mon étude pour y régler les affaires de la succession. » — Bénédict suffoquait. La réplique venait. Le directeur le poussa. Il finit la pièce. Il avait des larmes plein la voix. On crut à un nouveau moyen comique. On applaudit.

A Paris, les tristes démarches et les tristes cérémonies faites, Bénédict apprit qu'il lui revenait 125 000 fr., plus 10 000 fr. de bons du Trésor. — Il acheta à Jenny des cadeaux.

En diligence, mille pensées lugubres l'assaillirent d'abord. Il lui sembla revoir son père, comme il l'avait vu la dernière fois son mouchoir sur la bouche, et la face maigre. Son dernier mot : « Partez », lui revibrait douloureusement dans la conscience, avec son accent précis... Puis, par un de ces jeux ironiques et irrespectueux où se plaît la pensée, son imagination sauta du cercueil de son père à sa maîtresse; et il songea au bonheur qu'elle allait avoir à se parer de tout ce qu'il lui rapportait; et tout songeant, il s'endormit.

— Monsieur, — dit le conducteur, — nous sommes à Limoges. — Bénédict abaissa la glace de la portière, et levant machinalement les yeux, il aperçut à une fenêtre du rez-de-chaussée de l'hôtel de la Promenade, sur une table, un bol de punch qui flambait et trois hommes attablés autour. Il descendit. Une main lui frappa sur l'épaule, c'était Alexis, l'un de ses camarades. — « Nous vous attendions, venez. » — Bénédict trouva près du bol de punch, Carini, le père noble, et de Richaux, le directeur. — « Et Jenny? dit Bénédict. — Nous avons une mauvaise nouvelle à vous apprendre, dit Carini. — Malade?... morte?... et la voix de Bénédict se strangula. — Rassurez-vous, reprit Carini, elle n'est ni morte, ni malade; seulement, en votre absence, elle ne s'est pas conduite... Elle vous a trompé. — Veut-elle se remettre avec moi? — Carini hocha la tête. — Et qui ? dit Bénédict. — C'est moi, monsieur, — dit de Richaux en s'avançant. Bénédict prit une bouteille de champagne par le goulot, et leva le bras; Carini le retint. — Monsieur, dit froidement de Richaux, elle vous a aimé, elle ne vous aime plus. Quand nous nous battrions, je ne vois pas ce que cela changerait à votre position et à la mienne. — Que je la voie deux heures seulement, — fit Bénédict, — et... — On va vous mener chez elle » — dit de Richaux.

Jenny était sur son lit, les cheveux épars, dans une pose tragique. Elle s'était faite pâle avec de la poudre de riz. — « Ma mère! ma mère! s'écria-t-elle en voyant Bénédict amené par Carini qui se retira, dites que je suis une misérable! — Monsieur, ne me touchez pas ! » et Bénédict se laissa prendre à cette scène de drame qu'il avait vu jouer cent fois à sa maîtresse sur les planches.

Au matin, Jenny reprit la promesse qu'elle

avait faite à Bénédict de retourner avec lui à Paris. Jenny ne voulut plus partir. Bénédict la menaça de se tuer. Jenny promit encore pour retirer sa promesse peu après. Quatre ou cinq jours durant ce furent des reproches et des apaisements, des génuflexions et des révoltes, des jalousies et des miséricordes, des larmes et des trêves qui ne valent pas un récit, parce que cette déchirante bataille d'un amour vivant avec un amour mort est toujours la même. Enfin, lassée de ses obsessions, et pour avoir la paix, Jenny jura d'aller le retrouver dans huit jours.

Bénédict partit, le remords au cœur. Pour cette femme, il n'avait pas fermé les yeux de son père.

De retour à Paris, il reçut deux lettres de Jenny, à huit jours de distance. Dans la première elle lui demandait 200 francs pour faire le voyage. La seconde était ainsi conçue : « Cher enfant, je suis indigne de vous. Que diriez-vous de moi si je retournais avec vous maintenant que je suis déshonorée ? Ah ! vous penseriez peut-être que je veux profiter de la fortune qui vous est tombée. Adieu ! Je vous renvoie les 200 francs que vous m'avez envoyés. Celle qui vous aime toujours. » Seulement — dit gravement Bénédict quand il raconte cette histoire, — les 200 francs n'y étaient pas.

Alors commença une noce énorme et royale. Entre les dix doigts de Bénédict l'argent coula comme l'eau. Ce fut un gala de trois ans, une table ouverte, une Cocagne, un festin toujours recommencé. Tous venants étaient accueillis; tous accueillis mangeaient. Les connaissances des amis arrivaient-elles au dessert, on relayait le dîner qui repartait de plus belle, et de la cave le vin remontait. C'était une auberge, une auberge et un mont-de-piété, cet appartement de la rue Notre-Dame-de-Lorette. Quand vous aviez mangé trois fois chez Bénédict, cela vous faisait un droit tout naturel à lui emprunter vingt francs. Bénédict avait cela d'agréable que ses habits allaient à toutes les tailles, que ses bottes allaient à presque tous les pieds, et que ses gants allaient à presque toutes les mains; — en sorte que ses habits, que ses bottes et que ses gants diminuèrent. Et puis, il paraît encore que son argent allait à toutes les poches, et comme il en laissait parfois sur sa cheminée, son argent fit comme ses habits. La troupe de Limoges s'étant débandée, Carini et Ernest, le second comique, dédoublèrent son lit et lui empruntèrent ses pantoufles. L'hôtel Bénédict prit vogue, et comme l'on soupait au homard, tous les drôlatiques à jeun y abondèrent. « Onc ne vis maison de plaisantes gens si largement remplie. » Toutes les nuits l'on dansait, les refrains grivois battaient de l'aile contre les vitres jusqu'à l'aube! — Aux jours de soleil, la Seine, l'île Séguin, les matelottes chez Gentil ou à la Maison rouge, et encore les chansons sur l'eau.

Les billets de mille francs s'effeuillaient à tous les vents d'orgie : Bénédict les regardait s'en aller. Le bohémien Trimalcion s'était fait une vie à voir la face contente de tous les invités; et comme en une forêt de Bondy, il s'était tranquillement endormi en l'amitié de tous ces parasitismes.

— Bah! dit une fois Bénédict en se levant, si j'allais en Italie? — Je te suivrai, Bénédict, dit Carini. — Moi, je garde ton appartement, dit un nommé Vielleux, un ami de collége. — Et moi aussi, dit Ernest.

Ils partirent, Bénédict, Carini et la maîtresse de Bénédict. Le voyage n'eut rien de curieux, si ce n'est qu'à chaque ville Bédédict mettait deux louis dans le gilet de Carini pour qu'un homme de sa société fît figure; et qu'à chaque table d'hôte, la maîtresse de Bénédict descendait décolletée, en toilette de bal, avec des fleurs dans les cheveux.

A Milan, Bénédict avait dépensé trois mille francs. Il faut dire que Carini avait changé de gilet presque aussi souvent que la maîtresse de Bénédict avait changé de robe.

Bénédict partait pour Florence, quand un petit mot d'Ernest le rappela à Paris. Son mobilier saisi allait être vendu.

En partant, Bénédict avait laissé 200 francs à Vielleux pour payer un billet. Vielleux avait mangé les 200 francs, n'avait pas payé, et avait disparu. — Bénédict sauta du fiacre qui le ramenait des diligences, arracha les affiches jaunes qui annonçaient sa vente pour le lendemain, et courut payer chez le commissaire priseur. — Ernest lui dit que Vielleux avait très-mal agi, en abusant de l'argent qu'il lui avait confié ; que, pour lui, il s'était occupé d'économie politique, et qu'ayant eu besoin de livres, il devait lui avouer qu'il avait mis au clou quelque chose de sa garde-robe. Si tu veux, — dit-il en terminant, — je te lirai cette nuit le livre que j'ai fait. C'est un travail sur les *Enfants trouvés*. — Bénédict l'en dispensa : il y avait trois nuits qu'il n'avait dormi.

Bénédict alla chez son notaire demander de l'argent. Le notaire mit sous les yeux de Bénédict quatre ou cinq pages de chiffres bien alignés. Bénédict passa à la dernière page, et y vit un total qui s'étalait sur six colonnes. Ce total fi- réfléchir Bénédict. Il donna congé, vendit une partie de ses meubles, et s'assit résolûment devant son piano, dans un plus modeste appartement, rue des Martyrs. — Aux heures rêveuses, Bénédict avait laissé s'envoler quelques mélodies qui couraient la ville *incognito*, et avaient leur petite part de gaz et de célébrité aux cafés chantants et aux petits théâtres des boulevards. Bénédict, installé rue des Martyrs, ses amis se retirèrent peu à peu de lui, comme les rats d'une maison qui craque, lui laissant tous ses loisirs. Bénédict fit de sérieuses études d'harmonie; et dix romances dans un carton, il se rendit chez Leduc. L'éditeur trouva la musique charmante; mais, toute charmante qu'il déclarât la trouver, il répondit à Bénédict que cette musique « ne rentrait pas dans son cadre ».

Bénédict apprit dans la journée qu'il venait de perdre ses quinze derniers mille francs dans une faillite. — Il est vrai qu'il vendit le même jour cinq francs une de ses romances à un de ses amis. L'ami l'exécuta le soir chez un oncle de Bénédict, et il eut le plus grand succès.

Il ne jugea pas utile de dire qu'il l'avait achetée à Bénédict. Il déclara même que ce pauvre Bénédict n'avait pas le sentiment musical, qu'il ne ferait rien de bon de sa vie. Du salon de l'oncle de Bénédict la romance passa dans un salon, puis dans un autre; en sorte que l'ami de Bénédict fut obligé d'acheter une seconde, une troisième, une quatrième romance, pour se continuer en son talent; et l'ami de Bénédict fut pendant l'hiver de l'année 1847 l'un des hommes les plus heureux de Paris.

Bénédict n'avait pas payé son terme. L'ami le recueillit chez lui généreusement; mais quand l'album de Bénédict eut défilé, et que Bénédict un peu découragé trouva moins, l'ami dit à Bénédict qu'il était obligé de manger dans sa famille; de façon que Bénédict se vit menacé de perdre l'habitude de dîner.

Bénédict était comme le Centurion de la pièce espagnole : il aurait pu sauter trois fois sans qu'un maravedis tombât de sa poche. Il se ressouvint qu'il avait prêté. Il se mit à faire tous les jours la battue des obligés, arrachant ce qu'on lui devait, tantôt quarante sous, tantôt cent sous, et subsistant ainsi. Mais l'alarme donnée de proche en proche sur ce créancier qui demandait l'aumône, on évita Bénédict.

A Noël, Bénédict réveillonna rue de Laval, dans un atelier où l'avait conduit Ernest, et gagna 3 francs au lansquenet. Le lendemain, avec ses 3 francs, Bénédict fit monter un sac de pommes de terre chez son ami. Il s'agissait d'attendre le jour de l'an, où la tante de Bénédict lui donnait 40 francs d'étrennes. Il attendait ainsi, se couchant quand il eut trop faim, la nouvelle année.

Au commencement de janvier, Bénédict alla rendre visite à l'atelier de la rue de Laval. Il y resta dix-huit mois.

C'était, en cet atelier, le phalanstère le plus étrange qu'on puisse voir. Ils étaient là, cinq qui campaient, tous jeunes, et d'une confiance effrontée en la Providence. Édouard et Paul étaient peintres; Maxence attendait pour savoir ce qu'il serait, et Alfred faisait les commissions. — Bénédict habitait, comme je vous ai dit, un divan vert au-dessous d'une panoplie. Paul logeait sur quatre planches et un matelas. Maxence et Édouard couchaient dans quelque chose que l'on appelait un lit, et Alfred faisait en sorte de dormir sur les quatre oreillers du divan de Bénédict rangés sur un grand coffre à bois. Tous les matins, il faisait faim à l'atelier. Avant déjeuner, Maxence préparait les terrains d'un panneau ; Édouard, pendant ce temps, sabrait le ciel; et quand ils avaient fini, Paul en imaginait le motif à toute brosse. Le panneau fini, Alfred le descendait chez le propriétaire, brocanteur singulier, qui avait un magasin de chaussure à vis rue Montmartre, et un magasin de tableaux rue Notre-Dame-de-Lorette. Le propriétaire donnait d'ordinaire cent sous du panneau; et l'on avait de quoi dîner et déjeuner chez Tisserant, au haut de la barrière Pigale. — Bénédict avait déterré quelques leçons de solfége et apportait, par-ci par-là, ses quarante sous à la caisse. Au beau milieu de cette vie de hasard, il composait ses deux belles marches. — Un moment Paul faillit faire dîner régulièrement toute la société. Picot, le marchand de la rue du Coq-Saint-Honoré, lui payait vingt sous pièce des cartes de visite avec des emblèmes à l'aquarelle. Tout le monde s'y mit, même Bénédict. Mais cela ne fut qu'une lueur, et le propriétaire ayant été *brûlé* au deux cent quatorzième panneau, on tomba à dîner *Au Désespoir*, à sept sous par tête.

Puis, cela finit comme tous les phalanstères qui ne payent pas leur terme, par une envolée de chacun et par une saisie d'huissier.

Bénédict est devenu... J'allais, Dieu me pardonne! vous le nommer.

LA REVENDEUSE DE MACON

En remontant la rue qui débouche sur le pont de la Saône à Macon, vous trouvez à gauche une vieille maison en bois.

La maison est trouée de petites fenêtres carrées qui bâillent, étranglées pendant deux étages, entre des colonnes cannelées, striées, imbriquées, losangées, chacune d'un dessin différent de sa voisine. Sur les colonnettes s'appuient des frises peuplées de satyres et de femmes nues, celles-ci attaquant ceux-là à travers les guirlandes de fleurs en ronde-bosse, — naïve représentation mythologique, que les Mâconnaises ne peuvent regarder qu'en échappade. Quelques petites lucarnes aux toits pointus, sans volets, laissent entrer au grenier le vent l'hiver, le soleil l'été. Le bois, qui a vieilli et pris les teintes rubiacées de l'acajou, est marqueté d'écriteaux numérotant toutes les industries qui se sont casernées dans cette gigantesque façade de bahut. Une tripière, un chaudronnier, un marchand de cartons, une fruitière, une blanchisseuse, se sont établis entre les piliers de bois. Les mous rose-rouge, les malles de carton aux arabesques jaunes, où les filles de la campagne apportent leur bagage quand elles viennent à Paris entrer en service, les linges blancs, les camisoles foncées, pendues comme une enseigne au-dessus des cuvées de savon, les carottes, les potirons éventrés, les chaudronneries cuivrées ou toutes noires de fumée, tout cela fait un tapage de tons et de devantures guenilleuses au pied de la maison de bois. Entre la tripière et le cartonnier est une fenêtre hermétiquement fermée dont une persienne est rabattue et l'autre seulement entr'ouverte; vous apercevez, sur le rebord de la fenêtre, quelques poteries de Chine ébréchées;

vous apercevez, collée à la vitre, une feuille de papier sur laquelle est écrit : « Madame Javet, marchande en vieux », dans le fond de la pièce obscurée des scintillements de vieil or, et comme dans un kaléidoscope plein d'ombres, les mille couleurs de quelque chose pendu aux murs.

Que si l'amour du rococo vous fait pousser une porte à côté de la fenêtre, vous entrez de plain-pied dans le domaine sombre et fantastique de Goya.

Dans la demi-nuit au milieu de laquelle jouait une étroite filtrée de lumière, juchée plutôt qu'assise sur un grand coffre semblable à ceux des Moresques, apparaissait dans le rayon lumineux une vieille petite femme vêtue, des pieds à la tête, de noir, et propre comme pourrait l'être une sorcière hollandaise. Deux mèches grises couraient sous le madras autour de tempes desséchées; ses yeux sans couleur s'éveillaient parfois comme les yeux d'un fiévreux; ses sourcils étaient mitan blancs, mitan noirs. Elle n'avait pas de lèvres. Elle était ainsi, tricotant un bas de laine noire, et talonnant son coffre. la diabolique petite créature !

— Que veut monsieur? — Elle avait déjà fiché son épingle à tricoter dans ses cheveux, et était déjà à bas de son coffre.

Elle me fit voir, en trottinant de-ci, de-là, comme une souris, des fragments de retable en bois doré, bon nombre de saints dépossédés de leur nez, un gilet pailleté d'argent qu'elle attribuait à Louis XV, un torse à la Vierge du XIIe siècle au bouton du sein saillant de la robe, des pendules de Boule délabrées, de petits calvaires en chenille magnifiquement encadrés; puis, en me tendant un petit plat de faïence : Un Bernard Palissy ! — me dit-elle. Je souris. — Tous les Bernard Palissy, madame Javet, ont un craquelé..... — Ah! vous savez cela! — Elle jeta le plat sur un paquet de hardes, décrocha un tableau, ouvrit une armoire, et me présenta un coquetier, charmant enroulement de plantes grimpantes, signées de la grâce, du goût, du faire de l'admirable « inventeur des rustiques figulines du roy ». — Combien en voulez-vous ? — Et ça ? — fit-elle sans répondre, en fouillant dans ce petit coin où j'entrevoyais une dizaine de merveilles respectées des siècles, la fine fleur de la curiosité, dix bijoux de l'art! — Et ça? — C'était une assiette de cristal de roche aux chiffres d'Henri II. — Et ça encore? — Un étui en émail de Saxe, à semis de tulipes, enchâssé dans quatre baguettes de vermeil, tombé de la poche d'une reine le jour d'une révolution.

Elle épiait de l'œil les objets dans mes mains; elle les suivait, elle avançait à tous moments vers eux ses doigts crochus.

Je demandai le prix de quelques-uns. Elle me fit des prix fabuleux; elle semblait heureuse de me les voir admirer, inquiète de me les voir tenir. Je marchandai longuement, elle me remontrant, me retirant les *mirolifiques*, les replaçant, puis voulant refermer son armoire et nous jetant le regard du libraire espagnol assassin de l'amateur qui venait de lui acheter son plus précieux livre. Je lui offris enfin de son étui le prix qu'elle voulait. Elle toussa, prit l'étui, l'ouvrit, le retourna. — Je me suis trompée, j'avais oublié. Il est vendu de ce matin. Vous aimez la dentelle? — fit la singulière femme en faisant disparaître l'étui; et, sans me donner le temps de répondre, elle ouvrit le coffre sur lequel elle était assise, et fouillant à pleines mains, elle retirait des merveilles arachnéennes. — « Mes dentelles ! — disait-elle. — Hein ! monsieur, elles sont belles ? — J'ai un fils ; — voyez ce picot-là ! — mon petit « l'Éveillot », un gamin de dix ans. — Allons ! venez un peu au jour, mesdemoiselles ! anciennes, monsieur, tout cela ! — L'Éveillot ! Il va bien, cet enfant-là ! Je lui ai acheté un pantalon blanc ! il sert la messe dans tous les couvents d'ici et des environs, et quand il revient, il me dit ce qu'a la nappe d'autel, combien d'aunes, et s'il y a des trous, si on peut la repiquer. Il aime les dentelles, l'Éveillot. — Tenez, j'ai attendu dix ans une mort pour avoir cette gueuse de valenciennes-là ! — Il est comme sa mère. » — La guipure, les dentelles de Venise, de Gênes, les beaux points d'Alençon du xviiie siècle, les malines brodées, les réseaux microscopiques de Bruxelles passaient sous mes yeux ; la marchande s'exaltait et se grisait à parler tracé, bride, couchure, bouclure, rempli, mode, points gaze, mignon, brode. — « Vous ne savez pas ce que c'est, vous autres ! Je me relève la nuit pour les voir ! » — Et elle déployait les dentelles, les déroulait des cartons bleus, les montrait au jour, les jetait l'une sur l'autre, les entassait, les mêlait, leur riait, leur souriait ! Elle sortait toutes ces richesses comme du fond d'une caisse magique ne s'épuisant jamais, et les plus belles et les plus magnifiques venant les dernières.

Enfin elle retirait une jupe semblable à cette triomphante jupe de Marie de Médicis que possédait le marquis de l'Escalopier. De cette jupe, madame de Lamartine avait offert quinze cents francs ; et des grande dames du département, des mille et des douze cents. Il y a longtemps, au reste, que les Mâconnaises aiment la dentelle. La chronique du pays raconte qu'à l'entrée de Charles IX, le père Émot, gardien des Cordeliers, fut envoyé près du roi, réclamer certaine nappe manquant à son couvent. Il trouva en entrant chez le roi madame de Tavannes parée des ornements de la sacristie, dont son mari, gouverneur de la ville, lui avait fait don. « Le pauvre moine se mit d'abord à genoux devant madame, et dit hautement que l'on ne fût pas surpris de l'honneur qu'il rendait à cette vertugale, puisqu'elle était faite d'une nappe qui avait servi si souvent à l'office divin. » La dame, en colère, lui appliqua un soufflet; le roi rit; les réclamations en restèrent là.

Et la marchande causait avec moi de l'hôtel Bullion et des collections particulières, comme pourrait en causer Gansberg ou Manheim. Des « Lucca della Robbia » de M. R... aux bijoux de la renaissance de M. de B..., elle savait par cœur tout le Paris amateur.

— Et M. Sauvageot, madame Javet?

— Une jolie collection. C'est dommage qu'il lui manque... Elle s'arrêta et regarda en face.
— Oh! rien, rien, reprit-elle.

Comme je sortais et que je regardais encore la maison de bois : — Elle n'est pas dans l'alignement, — entendis-je derrière moi. Je me retournai. Un membre du conseil général de Saône-et-Loire de ma connaissance me tendait la main.

— Ah! tenez, puisque vous aimez les antiquités, il faut que je vous mène chez une vieille dame qui demeure en face, madame L...

Madame L... me promena à travers trois pièces remplies d'orfèvrerie, de ferronnerie, de marqueterie, de verrerie, d'ivoires, de Saxe, de Sèvres, de Faenza; je ne regardai qu'un petit chef-d'œuvre de la serrurerie du XVIᵉ siècle, — une souricière — unique.

La mère Javet me guettait sur sa porte.

— Vous avez vu ?

— Quoi ?

— La souricière, la souricière, — reprit-ell deux ou trois fois en hochant la tête.

Quelques jours après, j'allai faire mes adieux à madame L... et à sa collection. Le marché se tenait dans la rue. Les bœufs du Charolais traînaient pesamment leurs charrettes. Les Mâconnaises, avec leurs petits puffs noirs sur le côté de la tête, et leurs chapelets d'oignons rouges pendus au bras, criaient et riaient. On me frappa sur l'épaule. — Madame L... est très-malade, — me dit le monsieur qui nous avait introduits chez elle, elle a fait une chute avant-hier en voulant épousseter ses diables d'étagères !

J'étais à la porte de madame Javet. J'entrai. Elle était à sa fenêtre et ne se retourna pas. Il y avait près d'elle un charmant petit bonhomme aux cheveux blonds frisés, qui se haussait sur les pieds et tambourinait des doigts sur les vitres, recommençant sa chanson à mesure qu'elle finissait :

> Grand papa va mourir,
> J'aurai sa belle tasse bleue
> Qui est sur sa cheminée.

La marchande, le cou tendu, était collée à la vitre, et son regard fixe allait de la fenêtre de la malade au bout de la rue. Je me penchai derrière elle. C'était un prêtre qui débouchait et qui s'avançait vers la maison de madame L..., apportant l'extrême-onction. Madame Javel eut un sourire qui montra une rangée de petites dents jaunes et déchaussées. Elle marmotta, comme si elle grignotait ses mots : Ma souricière !

L'enfant chantonnait toujours :

> Grand papa va mourir,
> J'aurai sa belle tasse bleue
> Qui est sur sa cheminée.

HIPPOLYTE

La fée Guignolant, berceuse de la duchesse de Mazarin, avait été sa marraine. La fée Guignolant lui avait fait le tronc et la vue trop courts, les jambes, le cou, le nez trop longs, — surtout le nez, — les oreilles et les pieds trop grands, les yeux rouges, et encore l'esprit fol. Enfant, la fée Guignolant lui avait donné une peau tendre, des verges dures, des versions difficiles, des camarades batteurs, et des tartines qui se laissaient toujours choir à terre du côté des confitures. Une fois grand, la fée Guignolant chercha, chercha, — et le fit poëte. Puis par là-dessus, elle le fit bureaucrate.

Dans une de ces grandes casernes civiles où d'avoir été vingt ans assis, cela donne des droits, et, trente ans, la croix, — au ministère de l'agriculture, si je ne me trompe, Hippolyte fut parqué avec un vieillard appelé chef de bureau, homme sans préjugés, qui tout au milieu de ses verts cartons faisait et refaisait sa cuisine, faisait et refaisait sa barbe. Le poêle où mijotait la cuisine du chef recuisait le vieil air du vieux bureau, et des senteurs rances, des empuantissements de brûlé ou de sauce épandue sur un fumeron, montèrent tous les jours au nez d'Hippolyte, qui ne put jamais, de ces odeurs, se faire une habitude. Puis c'était la barbe; et dans quelque verre, le sien ou bien l'autre, le vieillard mettait un morceau de savon et sur un vieux papier, tout près d'Hippolyte, déposait les poils grisâtres et blanchâtres, tout hâchés menus dans la mousse blanche. Ce qu'Hippolyte, crispé et nerveux, souffrit, pour deux pauvres mille francs, de cette vie en famille, nul ne pourrait le dire; ce qui n'empêcha pas beaucoup de gazettes du temps de le traiter, lui et trois cent mille autres, de *budgétivore*.

Hippolyte avait fait deux parts de son argent : les pipes et les vieux livres ; et trois parts de sa vie : les pipes, les vieux livres et les femmes

Les pipes ! — c'était le long d'un des murs de sa chambre le plus beau musée de *belges* et de *marseillaises* culottées : toutes les variations de ton de la terre et de l'écume de mer, la gamme la plus merveilleuse de la nuance café au lait à l'ébène, et du pâle à l'intense, et de l'estompé au cerné ! Culots nets et dessinés comme la petite calotte du gland des bois ; — le tuyau, cacheté de cire rouge ; — deux clous tenant chaque pipe à la gorge et pendue. — Hippolyte laissait aller ses yeux sur elles, avant d'en choisir une, comme un général qui avant une affaire hésite sur le régiment qu'il enverra à la gloire ; ou plutôt c'était le pacha dont le mouchoir est attendu, et qui s'amuse à le faire attendre. — Lente affaire, et studieuse besogne, qu'une première pipe ! Les regards amoureux, et le pouce polisseur qui se promènent sur la suée ! La pipe qui commence à se teinter ! — Hippolyte était très-beau de pose et d'attente patiente, quand il fumait cette première pipe. D'habitude, en cette grave occurrence, une fois assis, il tournait et nouait sa grande jambe droite autour de sa grande jambe gauche, comme un sarment autour d'un échalas. — Et quel déboire, quand par malheur la pipe était rebelle ! — comme celle à propos de laquelle un mauvais plaisant lui dit : « Ce n'est pas étonnant : tu fumes dans un courant d'air. » — Hippolyte courut fermer la fenêtre.

Les livres ! — Bibliophile, bibliomane, Hippolyte était ; et bon vent il faisait alors aux bibliophiles. Sur les quais c'étaient souvent trouvailles : manuscrits de Bossuet dans un rayon à 15 sous ; et les épiciers enveloppaient leurs chandelles dans des chartes de 1400. — Oh ! de ce côté, la mauvaise fée Guignolant avait été battue par la fée des fureteurs, l'Occasion, bonne fée qui avait souri à Hippolyte tout le long de la Seine. Dans sa bibliothèque d'acajou, Hippolyte tenait presque tout son vieux XVIe siècle, disant : bonjour ! aux vieux poëtes à tout réveil, et : bonsoir ! à tout coucher. — Et le dimanche, grandes joies, jour de revue ! Le torse ceint d'un gilet de tricot, Hippolyte est tout à ses amis, à les décrasser, éponger, gratter, rempâter. Aux feuilles jaunies, un bain de chlore ; une tache de rousseur qui commence à moucheter : vite l'acide oxalique. Si une vilaine larme de graisse en un beau feuillet : la poudre minérale infaillible. Il les pare, il les lave, il les fait beaux, le cœur souriant aux grandes marges, aux pages immaculées, oubliant l'heure, le monde, et son ministère, — et parfois aussi son pantalon.

Pour l'Amour, — Hippolyte l'aima presque autant que ses pipes et que ses livres. Ce qu'il dépensa pour les femmes, de vers, est considérable. Mais de toutes ses Laures, la plus célébrée, celle envers laquelle Hippolyte se montra le plus généreux de rimes, ce fut la première par ordre de date : Émilie V..., une actrice, sœur de cette autre actrice qui a épousé un préfet. Émilie V... était alors la Contat de l'Odéon. Hippolyte la vit dans *la Famille Cauchois* de M. Alexis de Longpré, « désespérante de beauté et de talent ». Et tout aussitôt portier de la ville et portier du théâtre de n'être occupés qu'à monter chez « l'adorable actrice » petits papiers, petits rondeaux : « C'est un rondeau redoublé qu'entre vos mains, madame, on m'a dit de remettre. » Tantôt cela débutait :

V..., **vous êtes belle entre toutes les femmes!**

Tantôt c'était une *idylle* de Théocrite :

J'ai gravé sur le hêtre à Vénus consacré,
Gracieuse V...! votre nom adoré!
Mon intuition pour chiffre y met ce signe :
Une âme de colombe avec un corps de cygne!

Puis un *lamento* :

Toujours vous, ô V...!

Et le lendemain un cantique à la Régnier :

Et ce corps amoureux plein d'exquises saveurs!

Cela était devenu si habituel chez mademoiselle V..., que sa femme de chambre ne regardait même plus dans les lettres dont l'adresse annonçait l'écriture d'Hippolyte. La déesse chantée, mademoiselle V..., qui avait entendu dire que les vers sont de certains mots qu'on met un certain temps à ranger, et qui d'ailleurs ne lisait guère la signature, se fit cette illusion que tout le public de l'Odéon était devenu amoureux d'elle, — et poëte; ce qui fit qu'Hippolyte, après trois encriers vidés, ne recevant pas de réponse, cessa un beau jour d'envoyer à l'indifférente le journal rimé de son cœur.

A peine guéri de mademoiselle V..., Hippolyte eut une rechute, et se remit à soupirer pour une baronne, douée des cheveux d'une comtesse d'Amaégui, et du teint d'un drame moderne. — Ici, je crois le moment bon pour vous prévenir que le pauvre poëte avait pris au sérieux la poésie des autres. Par toutes les œuvres des chanteurs d'alors ce n'étaient qu'Espagne et qu'Italie, que galantes folies des siècles romanesques, qu'amours d'escalade, et que rendez-vous au clair de la lune; le poëte s'était mis à ne pas vivre la vie, mais à la lire. Il croyait aux romans comme à une expérience. Et voilà que dans cette cervelle de bonne foi ainsi retournée par les livres et le théâtre du temps, l'amour prit un chemin étrange et insolite : le chemin des toits. Encore tout chaud d'*Antony*, Hippolyte veut prendre sa maîtresse d'assaut. — Si elle me reçoit, c'est qu'elle

m'aime, je l'épouse ; si elle ne m'aime pas... »
— Hippolyte ne poussait jamais plus loin le dilemme. Sa résolution prise, Hippolyte songea à l'exécution ; et il arriva — ceci est historique — qu'en l'une des prosaïques années du dernier règne, ce romantique consciencieux demanda à un de ses amis une lanterne sourde et une échelle de corde. De cette demande sérieuse, les romanciers devaient faire plus tard des charges charmantes, — et l'ami n'eut pas pitié. Il n'éclata pas de rire. Il joua avec cette folie burlesque. — « Comment ! tu n'as pas une lanterne sourde et une échelle de corde... à ton âge ?... Cela n'est pas possible !... Mais tout le monde a une lanterne sourde et une échelle de corde ! »

Hippolyte dînait à cette époque à une table d'hôte du boulevard des Poissonniers. Il y rencontra Cinthie Fiocardo. Lui et elle, ils dînèrent, ils se virent, ils se plurent, la baronne fut oubliée, et Cinthie devint Philis sous la plume de l'amant :

<blockquote>
O bien-aimée !
Étoile de ma vie, adorable clarté !
</blockquote>

> Du soir où je te vis mon cœur fut habité,
> Et sa porte sur toi, ma Philis, s'est fermée!

Cinthie Fiocardo avait été chanteuse au théâtre de Pau. Il lui restait de sa voix — une guitare.

> Allons! prends ta guitare,

lui disait Hippolyte dans la langue des dieux,

> Et redis-moi ce chant
> Que la nuit j'aime tant
> En fumant mon cigare!

Cinthie prenait sa guitare, et elle apprenait à Hippolyte la romance :

> Fleur des champs,
> Brune moissonneuse!

Hippolyte n'était pas encore de la force de Figaro sur la guitare quand il s'aperçut, comme par une révélation subite, que Cynthie Fiocardo avait cinquante ans, — et de plus qu'elle était maigre. Hippolyte chassa Cinthie, et fit le rondeau :

> Je sais fort bien qu'en ce fatal mystère,
> La faute en est à monsieur votre père,

> Et j'ai honte à vous dire bas :
> Vous êtes maigre !

Pour vengeance, Cinthie mit en lettres incendiaires tous les romans de madame Sand, menaçant en post-scriptum l'ingrat de poignard et de vitriol ; ce qui coûta maintes fois quatre sous au poëte, — et des insomnies.

Ce fut à partir de ce, qu'Hippolyte fit contre la maigreur un serment d'Annibal. Il arbora l'enthousiasme de la graisse. Un poëte — qui est maintenant un académicien — venait de chanter « *la femme de lit* ». La glorification régnait des robustes appas ; l'on recommençait les épigrammes du vieux Maynard :

> Catherine ne me plaît point ;
> Elle est sèche comme cannelle,
> On ne saurait trouver sur elle
> Pour quatre deniers d'embonpoint.

Toutes les plumes jeunes chantaient la Vénus dodue. Un souffle de paganisme flamand semblait descendu chaud et lourd sur la Poésie. Les plus timides essayaient un compromis entre le Toucher et l'Idéal. Un de ceux-là qui voulaient greffer Jordaëns sur Memmeling, — un jeune homme d'alors, — M. Marc Fournier, écrivait : « Chez les disciples du dogme nouveau, la femme est chrétienne, même un peu mystique jusqu'à la ceinture, mais païenne de là jusqu'au talon... Je te salue, Vénus pleine de grâce ! » — Mais ceux-là étaient traités de vieillards. Les enfants terribles chantaient de plus belle :

Des seins fermes et lourds, au moins c'est positif!

Et Hippolyte faisait chorus. Il s'était sacré le Juvénal de l'étisie. Écoutez plutôt :

Au nombre des fléaux que sur notre hémisphère
    Dieu fit pleuvoir dans un jour de colère,
Il en est encore un qu'on leur doit ajouter :
En Égypte, aussi bien qu'à Saint-Germain en Laye
Comme à Paris, partout où la chair peut tenter,
    — A mon avis, si je sais bien compter,
    La *femme maigre* est la huitième plaie.

Ainsi chantant, il advint qu'Hippolyte aperçut aux vitres d'un magasin de la rue de Richelieu son idéal — un idéal de beaucoup de kilos, vous imaginez bien. La forte jeune personne était magnifiquement en chair. L'ayant vue, Hippolyte se prit à rabâcher à tous ses amis les charmes de l'intérieur qu'il rêvait : « De joufflus enfants barbouillés enfournant de longues tartines..., au nez deux belles chandelles..., la mère une camisole ouverte, les plis mal rangés, écrasant un de ses seins robustes sur la face du dernier né..., les langes souillés qui sèchent au feu, un air tiède là-dedans, une atmosphère de poêle..., l'avant-dernier marmot qu'on nettoie dans le fond..., tout ce que Rabelais et Ostade mettent de prose et d'humanité autour des joies maritales! » — L'avenir entrevu de cette grasse façon, Hippolyte, qui demeurait au faubourg Saint-Germain, se mit à passer rue de Richelieu, pour aller au ministère de l'agriculture.

Quelques mots sur l'écrivain.

Dans cette grande poussée de 1830, entre toutes ces jeunesses et ces fougues qui se cherchaient une originalité, Hippolyte avait la sienne propre. Parfois bien, sa muse n'était qu'une spirituelle à la suite, une suivante du *Mardoche*. Elle chantait :

> Je suis las de toujours voir la lune qui cogne
> Son nez à la lucarne ; on dirait un blanc d'œuf
> Collé sur du drap bleu : tableau d'épicier veuf,
> Ami de la campagne et du bois de Boulogne !

Parfois bien c'était les désespérances à la mode, et dans lesquelles les plus gras et les plus gais garçons d'alors se drapaient à l'Hamlet :

> .... Et plus rien ne me luit
> Qu'un repos lourd, inerte, où mon corps par avance
> Est comme un soliveau pur de toute souffrance.
> Matériel et sec, comme lui gros et rond,
> Et couché sur le dos, n'ayant plus rien de l'homme
> Qu'une masse quelconque, une chose qu'on nomme
> Soit dans l'arbre ou le corps du même nom : le *tronc*.

Il ne s'était pas garé mieux qu'un autre des ballades à la Lune, qu'il appelait *dame Luna*, et à qui il dédiait force madrigaux intitulés : *La lune qui va au bal*.

Ce qui le faisait original, ce n'était pas cette admiration du Maître poussée jusqu'au culte :

> Hugo ! maître divin, resplendissant génie,
> Qu'à l'égal de Dieu même en mon cœur je chéris !

cette idolâtrie courait alors les rues..

Ce n'était pas une petite brochure portant pour titre : *Espérance*, et dirigée contre le suicide, qu'il appelait « le fléau de l'humanité ».

Ce n'était pas non plus nombre de vers emportés de couleur; et cet assez baroque portrait de l'hiver :

> ... Des rameaux crochus les turbulents squelettes
> Qui dansent par les airs en se cassant les doigts,
> Simulent un combat de portiers en goguettes
> S'éreintant à coups de balais!

Chaque jour de ce temps apportait de ces images frénétiques et nouvelles.

Ce qui faisait l'originalité d'Hippolyte, c'était l'amour et le respect des grands poëtes du XVIe siècle et de certains du XVIIe. Ses goûts de bibliophile étaient passés dans ses goûts d'homme de lettres. Il trouvait à tout écrivain français un ancêtre, en ce vrai grand siècle. Il donnait à cette passion de retrouver ces gloires anciennes sous les gloires plus modernes tout le charme d'un paradoxe vraisemblable. Le sel et l'agrément de cette langue toute riche l'avaient pris et le tenaient. Toutes ces célébrités tombées en jachère, lui faisaient sa compagnie d'esprit ; et « il vivait, et il couchait, s'il se peut dire, avec elles dans toute la religion d'un cher et pur silence. » Dans les sublimes beautés des *Tragiques*, beautés que Corneille n'égala pas, il retrouvait un accent du *Roi s'amuse*. Il révérait les oubliés des anciens siècles comme les pères du nôtre. Là, il avait un arsenal pour la polémique parlée ; et il en savait par cœur toutes les armes. En son exclusivisme, aux Boileau il vous répondait par les Régnier ; aux Piron par les Scarron et les Saint-Amand ; aux Jean-Baptiste Rousseau par les Théophile ; aux Delille par les Vauquelin de la Fresnaye ; aux Parny, aux Bertin par les Marot, les Saint-Gelais, les Desportes ; aux Malherbe par les Ronsard ; aux Ducis, aux Chénier par les Alexandre Hardy, les Mairet, les Robert Garnier ; aux Voltaire, aux Crébillon par les Cyrano de Bergerac, les du Ryer, les Tristan ; aux Racine même il répondait par les Nérée et les Pradon, et aux Corneille par les Rotrou. — Ne s'avisa-t-il pas de rimer toutes ces opinions biscornues en vers libres, de les faire imprimer en façon de *canard* !

> De par saint George et sainte Thècle,
> Ce fut un grand passé que le seizième siècle.

et le *canard*, imprimé chez Beaudoin, rue des Boucheries-Saint-Germain, n'eut-il pas l'idée de vouloir le jeter lui-même et en personne du haut du paradis de l'Odéon ! — Au Jean Journet littéraire on eut grand'peine à faire entendre raison. Il ne se rendit que sur cette observation amicale « que cela pourrait mettre le feu au lustre ».

Lorsque Hippolyte envoya son volume de vers, *les Amours*, à ses confrères, les confrères lui répondirent, ceux-ci : « Vous avez du génie », et ceux-là : « Ce n'est pas moi qui suis poëte, c'est vous. » Hippolyte eut la naïveté de ne pas prendre cela pour de l'eau bénite de littérature.

Hippolyte était très-simple. — Longtemps Henry Monnier se donna auprès de lui comme un homme sans relations, désirant se produire; et c'était une comédie charmante, qu'Hippolyte lui proposant de le présenter à deux ou trois pauvres petites célébrités à lui connues.

Deux de ses amis firent d'Hippolyte, l'un le portrait, l'autre la charge en plâtre. Hippolyte dans sa charge n'avait pas un nez. Il avait une trompe. La mère d'Hippolyte mit le portrait d'Hippolyte je ne sais où ; et la charge d'Hippolyte sur la cheminée de sa chambre, disant que « c'était mieux son portrait que l'autre ». — C'est cette charge qu'un jour, où toute une joyeuse société s'était abattue chez Hippolyte, le diabolique Ourliac fit respirer devant Hippolyte, à une femme évanouie, qui aspirait de confiance.

Hippolyte ne s'habillait comme personne. Il s'habillait comme lui-même pour ainsi parler. — A un bal de noces, on le vit en habit noir, avec un gilet à carreaux rouges, et des gants couleur de chair. — Sur l'observation qu'on lui fit de l'étrangeté d'un pareil gilet en pareille circonstance, Hippolyte boutonna son habit; et ainsi, son gilet passant entre le noir de l'habit et le noir du pantalon, il semblait porter une ceinture de flanelle rose.

Hippolyte avait si fort chanté — de Paris — *les purs baumes de l'air, des oiseaux le chant clair, l'herbe qui s'emplit de fleurs et les jeunes moissons qui recouvrent du vallon la gorge en-*

core frileuse; il avait, dis-je, si bien chanté, qu'il lui prit envie d'aller vérifier la nature. Il partit pour Fontainebleau. A Fontainebleau, il alla dans un grand chemin de la forêt. Rien que des arbres de chaque côté. Peur lui vint. Il retourna à la ville, entra dans un cabinet de lecture, et s'attabla à un roman si intéressant qu'il passa trois jours à le lire, et regagna Paris au bout des trois jours, fort édifié, et de plus belle épris des « parfums du ciel » et des « chansons de l'arbre ».

Tellement quellement, ainsi que je viens de vous narrer, doué et pourvu, le poëte se maria, — avec la permission de M. le maire cette fois. La loi et l'église firent de la demoiselle de boutique de la rue Richelieu sa moitié légitime. A sa noce, Hippolyte eut un témoin ventriloque ; le lendemain, il trouva sa femme à balayer toute sa correspondance amoureuse, et cette collection de mèches de cheveux qui lui étaient si chères ! Il prit un logement pour s'établir en ménage. La chambre tirait le jour par des fenêtres au ras du plancher qui vous éclairaient par-dessous comme une rampe de théâtre. Un enfant lui vint. Il déménagea en un autre logement. Celui-ci était tellement en pente que le berceau de l'enfant placé le soir près du lit, se trouvait le matin contre la porte. Il déménagea encore. Il se trouva logé place Saint-Jacques — uste en face la guillotine. Une fois là, Hippolyte se mit à être malade, et à se laisser mourir — crainte d'un coup de bistouri.

Hippolyte mort, — ne croyez pas que la fée Guignolant lâche encore sa proie. — Les amis réunis à l'église attendent une heure, deux heures... Rien ne vient. On va fumer une cigarette au Luxembourg. De joyeux croque-morts passent. On les aborde. On leur demande, croyant plaisanter, s'ils cherchent quelqu'un. On était tombé juste. Les joyeux croque-morts cherchaient Hippolyte. L'adresse avait été mal donnée. Ils étaient allés rue Saint-Jacques au lieu d'aller faubourg Saint-Jacques. — Enfin les joyeux croque-morts mettent la main sur M. Hippolyte.. Bon! la bière est trop petite. — On retourne, on cherche, on trouve; ah! celle-ci va au corps. — On charge, on fouette, on arrive à l'église, on décharge, on pose sur les tréteaux. — Tous les amis étaient partis. — On chante, on bourdonne, on asperge, on recharge, on remporte, on refouette; — et derrière le corbillard marche tout seul l'enfant d'Hippolyte, mordant une belle pomme verte.

LE PASSEUR DE MAGUELONNE

Le Lez est une jolie rivière avec ses iris jaunes. Suivez-le une heure en sortant de Montpellier, et vous entrerez en un pays étrange. Passé les saules du hameau de Lattes, il n'y a plus d'arbres, il n'y a plus d'ombre. Ici finit la terre de France. Il se déroule devant vous une lande sans borne toute coupée de flaques d'eau. Ce ne sont plus, jusqu'à la Méditerranée, que des étangs envahis d'herbes et de steppes marécageuses où le ciel, en se reflétant, laisse tomber de loin en loin un morceau de lapis. Les joncs, les tamaris, les ronces, jettent leur manteau vert sur les eaux qui fermentent. Les touffes de soude et de varech tachent de longues langues de sable. En ce désert lézardé par la mer envahissante, semé d'îlots de terre brûlée, et propice au mirage comme le Sahara, quelques cavales blanches filent à l'horizon comme des flèches d'argent. Pour un passant qui passe, des troupes de taureaux s'effarent. Dans les canaux encaissés qui traversent le marais, de lourds bateaux à dragues dorment, leurs roues à godets immobiles. Plus les chants, plus les cris, plus les joyeux appels de la Provence ! Il fait silence. Le sol vermineux pullule de scorpions. L'air charrie des nuées de moustiques et de moucherons. Par le paysage d'or pâle volent des milliers d'oiseaux aquatiques ; et même parfois les flamants navigateurs, rangés en file, frôlent les plus hauts roseaux, déployant au soleil leurs ailes flamboyantes, joyeux de cette Égypte retrouvée.

Auprès d'une hutte conique en joncs, wigham de Huron trempant dans la boue, s'évase une mare où gît, sombrée, la carcasse d'un vieux bateau. Au bord de la mare, pieds nus, jupe rouge et jupe bleue, deux petites filles, l'une accroupie, l'autre à genoux, font de grands jeux dans l'eau. Leurs petits cheveux blonds leur courent gentiment sur la tête; leurs petites jupes carrées et tombant droit des brassières à la moitié de leurs petites jambes brunies, reluisent au clair soleil qui s'amuse à jeter sur les plis de la vieille cotonnade des pointes de bel outremer et de beau vermillon. Le soleil remonte tout le long et mord aux petites filles un bout de cou hâlé, et ces petits cheveux follets, qui marquent sur la nuque des enfants de la campagne comme une petite ligne blanche. La lumière les inonde toutes deux, met à ce groupe la couleur tapageuse d'une aquarelle de Lessore. Les deux enfants se penchent vers la mare, allongeant les bras, sans grand souci de se mouiller les poignets. Elles lancent à l'eau un petit poisson mort, et le petit poisson se retourne et se met sur le flanc à la surface. Elles le rattrapent, elles le rejettent pour voir s'il nagera mieux; et ce sont grandes joies et félicités d'enfants, à ces petites, de souffler l'eau morte pour faire un peu aller le cadavre d'argent, et de le pousser du doigt, la plus petite se mouillant encor plus que la plus grande.

Derrière les enfants, à l'ombre de la hutte, sur une chaise recouverte d'une vieille tapisserie, est assise une jeune femme en costume de mariée, une couronne de fleurs blanches sur la tête, un bouquet au côté. La jeune mariée regarde insouciamment la ruine de Maguelonne qui se dresse dans la mer en face d'elle.

Maguelonne! le long passé! Maguelonne! la croisade prêchée par Urbain II! Maguelonne! Alexandre III sur la haquenée blanche, encombrant de son cortége pontifical le pont d'une lieue! Maguelonne! la chanoinerie de doulce beuverye! Maguelonne! le *convivium generale*, et le bon vin clairet, et les crespets à l'hypocras! le *convivium generale* avec la sauce au poivre de la Saint-Michel à Pâques et la sauce au verjus de Pâques jusques à la Saint-Michel! Maguelonne! le manuscrit d'Apicius *in re coquinaria*, retrouvé sous les cuisines du monastère! Maguelonne! la ville! Maguelonne! la forteresse! Maguelonne! l'évêché! Maguelonne! la cathédrale! Maguelonne! la déserte! Maguelonne! une ferme! Maguelonne! les goëlands sur la plage! Maguelonne! les sabots des chevaux sur les tombes épiscopales!

Le soleil tourne la hutte; la tête de la jeune femme est encore blottie dans l'ombre; mais le soleil va la gagner. Un homme à barbe noire, à membres robustes, sort prendre un vieux morceau de voile, il le jette au-dessus de la tête de la mariée, sur des pieux qui servent à sécher les filets.

Pauvre femme, pauvre homme et pauvres enfants!

Dans un faubourg d'Arles, — c'était un soir de noce. La gaieté disait : noce de petites gens; le heurt des verres disait : noce de braves gens; les chansons disaient : noces de jeunes gens. — Ils étaient en beaux habits; elle était en belle robe. On porta des santés de la soupe au dessert; il avait vingt ans, elle en avait seize. Le marié regardait la mariée; la mariée regardait le marié : ils se souriaient en l'avenir. — Une chanson, le marié! Une chanson à la mariée!

Et lui se leva; elle rougit. Il chanta :

> La belle coumé lou printemps
> Nous rebiscoule et nous counsolou,
> N'a qu'a paraïsse, et tout d'un temps
> Dé plési lou cor nous trémolou !

— Dé plési lou cor nous trémoulou ! — reprirent-ils en chœur, et de fait la belle Rosalie valait bien tout le patois du monde. Le riant sourire et les blanches dents, les noirs cheveux et les noirs yeux, les longs cils et le joli nez droit, le front bombé et la peau dorée, la grande taille et les petits pieds ; la jolie mariée et le beau marbre grec ! Au dernier lundi de Pâques, sur la promenade, les filles d'Arles, en leurs plus riches atours, en leur plus bel orgueil, ont couronné Rosalie reine de la beauté. Un Marseillais, qui avait un grand café sur la Cannebière, lui a proposé mariage pour la mettre dans son comptoir ; un riche confiseur de Lyon a suivi le cafetier marseillais. De Nimes, de Toulouse, sont venus des cafetiers, des confiseurs, des pâtissiers, des saucissotiers ; elle les a refusés tous comme ceux d'Arles. Des jeunes gens lui ont fait des bouquets et ont glissé des lettres dedans. Rosalie a donné les bouquets à ses amies, et a jeté les lettres au feu. Un grand jeune homme, renommé trompeur, menant bonne guerre aux jolies filles, a tourné autour d'elle longtemps; elle lui a fait les cornes; et l'autre est revenu à ses amis la lèvre pincée et l'oreille basse comme un homme qui pense à quelque chose de mal.

Son amoureux n'a guère grand'chose : un petit clos et une maisonnette. Mais quoi! c'est son amoureux.

Les lumières de la table dansaient sur les haies du petit clos, et la maisonnette, de la cave au grenier, chantait l'amour. — La mariée était montée à sa chambre; elle était déjà couchée : en bas elle entendait les derniers refrains et les paroles d'adieu. Voilà que la fenêtre s'ouvrit, et elle regarda... La peur la prit; elle poussa un cri. Son mari, qui venait d'entrer, la trouva évanouie, et vit comme un homme qui sautait par-dessus la haie de l'enclos. La mariée eut le transport toute la nuit. — Le lendemain on trouva dans le jardin une tête de mort et un drap de lit. — Le mari comprit; il devina qui s'était vengé.

La malade fut trois jours entre la vie et la mort; quand elle se reprit à vivre, — Rosalie était idiote. Le mari songea à l'abandonnée créature, s'il venait à mourir, lui; il ne dit mot à l'assassin; mais, comme il le rencontrait tous les jours, de peur d'un malheur, il se décida à quitter la ville. Et puis il y a des gens méchants qui prennent plaisir à rire des pauvres affolés, les montrant au doigt et éclatant en moqueries peu chrétiennes. Sa maison vendue, un fusil sur l'épaule, quelques écus de cent sous dans sa bourse de cuir, le mari vint droit à ce désert, bâtit sa hutte lui-même, acheta un bateau avec lequel il passe les étrangers qui vont visiter Maguelonne. Il chasse la macreuse; il pêche le poisson que la tempête jette en ces bourbeuses lagunes; il ramasse sur le sable les insectes, portant ses curieuses trouvailles aux entomologistes d'alentour, et faisant souvent affaires avec M. Crespon.

Cet argent qu'il gagne ainsi, ce sont les fleurs blanches, c'est la robe blanche, c'est le voile blanc, c'est le costume de mariée que, dans sa douce folie, Rosalie n'a pas voulu quitter et veut porter tous les jours. Toute l'ambition du passeur est que ce costume soit toujours renouvelé, toujours blanc, toujours frais comme au matin de leur union; et la femme passe ainsi ses journées entières dans sa robe blanche, à regarder la mer bleue.

Tout misérable qu'il est, le passeur a tout tenté pour la guérir; la médecine a été impuissante. Elle lui a fait espérer un moment que la naissance d'un enfant pourrait amener une crise; Rosalie a eu deux enfants, et la crise n'est pas venue.

Une fois il l'a prise dans sa barque, et comme il a trouvé une lueur de plaisir dans ses yeux, souvent il l'emmène en mer; et les pêcheurs, à voir passer cette femme vêtue de blanc, assise, immobile, une main traînante dans l'eau, saluent comme un présage cette madone de la Méditerranée, et se disent : Bonne mer et bonne pêche!

PETERS

HENRI.

Dis donc, Albert, si nous allions passer l'été aux environs de la France?

ALBERT.

Trouve-moi un trou où il y ait du caporal et où il n'y ait pas de sites à aller voir, — je suis ton homme.

HENRI.

Je chercherai. — Si nous allions à Londres?

ALBERT.

Merci. Un pays où il y a presque autant d'Anglais qu'à Naples! — Ils ont tout mis en deuil, ces diables d'Anglais! même le vin : leur vin, c'est du *porter*.

THOMAS.

Allez en Suisse.

ALBERT.

Une république d'aubergistes!

THOMAS.

Allez à Constantinople.

ALBERT.

Allez au diable.

ADOLPHE

Ah çà, toi, Albert, est-ce que tu ne reviens pas de quelque part?

ALBERT.

Je crois que oui, d'Allemagne... Des paysans qui fument des pipes de porcelaine; beaucoup de diplomates : une bouteille de bière sur un volume de Schiller; et un soleil que le bon Dieu mouche bien trois fois par an..... C'est la patrie des conseillers auliques, des redingotes à brandebourgs et des lits non bordés... Voilà mes impressions de voyage.

CHARLES.

Tu étais l'année dernière à Saint-Pétersbourg?

ALBERT.

Et il y a deux ans au Caire. — Croirais-tu que *Bonino Crétin*, c'est écrit sur la petite pyramide?

THOMAS.

Pourquoi diable voyagez-vous?

ALBERT.

Je ne me le suis jamais demandé. — Parbleu! pour être revenu!

CHARLES.

Sais-tu, Albert, que tu ferais un gros livre de tes voyages?

ALBERT.

Oui, — si je n'avais pas lu d'Alembert : *Les voyageurs sont les livres des convalescents : ils bercent doucement le lecteur.*

THOMAS.

Qui vient à la campagne dimanche?

CHARLES.

L'adresse de l'idylle?

THOMAS.

On y va par une barrière... Un rustique cabaret, coiffé de verdure comme un Bacchus antique! — Une hospitalité, un accueil, une habitude! Quand vous êtes deux, — bottes contre bottines, — on ne vous donne qu'un verre.

ALBERT.

Est très-joli cela, dans les romans... Quelque bouchon, son cabaret! Un rendez-vous d'amours qui mangent à la gamelle!

ADOLPHE.

Eh là! passez-moi un cigare.

THOMAS.

Es-tu retourné chez madame de S...?

ALBERT.

Non. C'est composé comme une table d'hôte. Il y a des gens qui lisent... on m'a dit que c'était des vers. Elle lit aussi. Je crois qu'elle va publier quelque chose.

CHARLES.

Son acte de naissance?

THOMAS.

Ses trente-cinq ans sont discrets comme une femme de chambre du Marais.

HENRI.

Qui a vu la féerie?

ALBERT.

Un pauvre vaudeville! — J'ai toujours rêvé de faire une féerie, moi. C'est le diable, une féerie, savez-vous? Il faut être un poëte d'impossibilités, chimérique à toute bride, bête comme un rêve, et fou comme un cauchemar... Il faudrait deux, trois costumiers qui s'appelleraient Callot, Goya...

THOMAS.

Pardon, Albert. — Et ta Lydie, Charles?

CHARLES.

Une femme pour qui j'ai poussé l'amour jusqu'à lui apprendre à faire des bâtons, parole d'honneur! — Messieurs, Lydie s'est jetée à l'eau, d'amour pour moi...

ALBERT.

Dans la Garonne?

CHARLES.

... Et elle m'a écrit, me demandant deux cents francs pour se sécher.

HENRI.

Tu lui as répondu ?

CHARLES.

Je lui ai répondu que j'étais déménagé.

THOMAS.

As-tu vu le platonique Ernest ces jours-ci ?

HENRI.

Oui. Il marche toujours sur du Pétrarque.

THOMAS.

Et René ?

ALBERT.

Il est toujours content de lui comme une épithète neuve.

HENRI.

Est-ce que Samuel est mort ? On ne le voit plus.

CHARLES.

On le disait marié l'autre jour.

THOMAS,

Des deux mains ?

CHARLES.

Des deux mains... — Une veuve qui a un grain de beauté, l'âge d'une veuve, et voiture.

ADOLPHE.

Diavolo!

HENRI.

Où l'avait-il rencontrée, cette veuve?

ALBERT.

Chez Foy.

CHARLES.

A propos, j'y pense. Albert, veux-tu te marier?... 150 000 fr. de dot.

ALBERT.

Aimes-tu les jardins dessinés par le Nôtre?

CHARLES.

Hein?... justement le parc du papa est une de ses créations.

ALBERT.

Il y a, n'est-ce pas, de grandes allées à angle droit?... Les arbres sont taillés à pic, de vrais murs... C'est de la géométrie pittoresque... Les gens qui vaguent dans les allées les mouvements de terrain, les réduits verts, les lignes de buis, la pièce d'eau, toute votre promenade, vous la savez par cœur du haut du perron... Hélas ! mon cher, j'aime encore, encore un peu le jardin anglais, les échappades d'horizon, les surprises et les rencontres, un voile vert au détour d'une allée, les massifs qu'on ne devinait pas, le parc qui a l'air de s'être dessiné tout seul, l'imprévu d'une végétation libre... ce qui fait que je te remercie, et que je me garde garçon.

HENRI.

Dis donc, j'ai voyagé avant-hier en chemin de fer avec un monsieur qui faisait des nœuds à son mouchoir pour se rappeler les points de vue !

CHARLES.

Ah ! vous savez que Rodrigue est revenu de Californie ?

THOMAS.

Qu'est-ce qu'il a rapporté ?

CHARLES.

Deux pièces de cent sous en or.

HENRI.

Et son amour, est-ce fini ?

CHARLES.

C'est fermé. Mais je crains bien que ça ne se rouvre.

THOMAS.

Venez-vous ce soir au boulevard?

ADOLPHE.

Qu'est-ce qu'il y a à voir?

CHARLES.

Un drame très-beau!... Cent cinq représentations, mon cher!

HENRI.

Jocko en a eu deux cents.

THOMAS.

J'ai rencontré Berthold hier.

CHARLES.

Eh bien?

THOMAS.

Il va toujours dans le monde.

ALBERT.

Songer qu'il y a à Paris dix mille jeunes gens qui se font la barbe le matin, qui achètent des gants, qui s'habillent, qui sortent de chez eux à dix heures, quelque froid qu'il fasse, qui saluent, qui dansent six heures durant, qui causent avec leurs danseuses, et qui font ce métier huit mois de l'année sur douze... tout cela pour attraper et manger debout, le chapeau dans une main, gênés, foulés, le coude poussé, un morceau de galantine truffée d'une dizaine de sous; — et penser que si ces dix mille jeunes gens cessaient d'avoir envie de ce morceau de galantine truffée, les boutiques fermeraient, le commerce chômerait, cela ferait la crise commerciale la plus épouvantable qu'on ait vue!

CHARLES.

Qui a vu *le Vampire?*

ADOLPHE.

Moi.

CHARLES.

Qui en rend compte?

ALBERT.

Moi. — Adolphe, raconte-moi la pièce.

ADOLPHE.

Mon cher, — le Vampire, cadavre suceur, poursuit cruellement de son amour exsangue la jeune héritière de Tiffaugel, — créature grasse et jolie. Il a le visage suffisamment vert, — vert comme le serpent diabolique qui nous a volé le Paradis où paissaient les panthères, où le vin de Champagne, — miracle inouï, — se servait de lui-même...

CHARLES.

Très-bien, Adolphe. — Est-ce un succès, Henri?

HENRI.

Un succès de chair de poule! — **Le Vampire** est un minotaure du Walpurgis...

THOMAS.

Messieurs, est-ce que vous ne croyez pas aux vampires?

CHARLES.

Ah! ah!

THOMAS.

Là, sérieusement?

ALBERT.

Je croirai si vous voulez aux abonnés du journal de la carrosserie, à l'esprit de monsieur un tel, au succès d'une pièce littéraire, à ma nomination à l'Académie, aux dettes qu'Arthur se donne, aux maîtresses que Félix se prête, à l'orthographe de mademoiselle X..., à ma conscience de journaliste, à l'amitié de mes amis, et encore à l'école du bon sens... mais pour les vampires, je suis le *Credo* de Voltaire : je crois aux agioteurs, aux traitants et aux gens d'affaires !

THOMAS.

C'est tout bonnement, messieurs, que vous n'avez jamais été en Dalmatie ; c'est que vous n'avez pas vu des paysans qui n'ont pas lu dom Calmet, certes ! se couper les jarrets avec une faux, et recommander au pope de traverser, quand on les enterrera, leur cœur avec un pieu.

ADOLPHE.

Moi, je crois aux vampires ; je crois bien à Peters.

CHARLES.

Nous y voilà ! gare les contes !

HENRI.

Peters, le peintre ?

ADOLPHE.

Oui.

ALBERT.

Est-ce qu'il dîne à minuit, sur le pouce, au cimetière Montmartre?

ADOLPHE.

Je n'en sais rien. — Tenez, à la pièce d'hier, il paraît au couloir de l'orchestre, il me voit, il me salue..... Une chose qui n'est jamais arrivée! — qu'on emporte, de tragédie à autre, un apoplectique, sombré dans sa stalle, cela est dans l'ordre, et n'a pas même de quoi interrompre une tirade... mais qu'à l'instant où il me regarde, un parapluie, — notez qu'il faisait une soirée superbe, un ciel qui promettait d'être sec au moins huit jours, — qu'un parapluie tombe du cintre d'une façon homicide et perpendiculaire, et manque de m'empaler à rebours, de me tuer net... cela est d'un inouï et d'un extravagant à convertir tous les Voltaires de la *jettatura!*

ALBERT.

Adolphe, mon cher, vous voulez nous faire

croire qu'une nourrice napolitaine vous a bercé.

ADOLPHE.

Et remarquez que la comédie cheminait doucement vers les convenances du dénoûment. Les acteurs disaient proprement la chose. Galamment, le public écoutait; bénévolement, les critiques jugeottaient. Grandement s'allongeaient les figures des ennemis de l'auteur. Les hémistiches marchaient d'un petit pas sûr et tranquille, comme des mulets de montagne, dans un silence de bonne composition... Mon Peters jette le regard sur la scène; zac! un coup de baguette d'une mauvaise fée! La pièce se décolore. La peinture devient grisaille. On salue ce vers-ci et celui-là, et cette idée, et cette scène, comme de vieilles connaissances. Un monsieur se mouche. La grande actrice se prend les pieds dans sa robe. Le souffleur souffle trop haut. Les critiques du balcon se mettent à lorgner dans la salle. Madame de R..... entre. Les femmes se renversent au fond de leurs loges. Le silence de tout à l'heure se met à bavarder. La toile baisse sur une déroute. — Peters sort au quatrième acte. L'attention est reprise au pas de course.

Les critiques écoutent. La grande actrice met des frissons dans la salle. Succès sur toute la ligne. Peters rentre au cinquième acte. Chute complète. (*Entre Robert.*)

HENRI.

Tiens! Robert.

CHARLES.

D'où sortez-vous?

ROBERT.

De déjeuner rue des Poteries. Verdier nous avait invités.

CHARLES.

Bah!

ROBERT.

Oui... un déjeuner à l'ail! des perdreaux truffés d'ail... Je n'ai plus de langue... Une soif!... Nous l'avons arrosée! — On ne te voit plus, Adolphe. — Venez-vous ce soir au bal de B... Très-amusant, mon cher! J'ai perdu vingt louis l'autre soir. — De quoi parliez-vous?

HENRI.

De Peters.

ROBERT.

De Peters? diantre!

CHARLES.

Mon cher, ils sont tous ici superstitieux comme des ballades. Ils disent...

ADOLPHE.

N'est-ce pas que c'est un jettator?

ROBERT.

Si c'en est un ?... Mais aussi vrai que je vous attends tous à dîner mercredi, je suis sûr de fumer toute la journée de mauvais cigares, de rencontrer des créanciers au Luxembourg, et des connaissances au mont-de-piété, de renouer avec une maîtresse qui n'a pas rajeuni, de manger de la poitrine de mouton à mon dîner, d'aller aux *Variétés* le soir, de souper à côté d'Anglais, et d'être gris à ma seconde bouteille de champagne !... Ah çà, qu'est-ce qui en a parlé, de ce Peters? Est-ce qu'il vient ici? Qu'est-ce qu'il veut? — C'est très-malsain, parole d'honneur ! de parler de cet homme-là !

ADOLPHE.

C'est ce fou de Charles, qui veut lui faire faire son portrait.

ROBERT.

Mon cher, cet homme fait votre portrait, bon.

PETERS.

Rappelez-vous ce que je vais vous dire. Je suppose que vous ayez un oncle à héritage, votre oncle, dans les six mois, épouse sa cuisinière; je suppose que vous ayez un attachement, cet attachement deviendra une chaîne; je suppose que vous ayez un chien de Terre-Neuve, on vous le volera; un frère de lait, il sera condamné aux galères; un cheval, il boitera; une stalle aux Italiens, on jouera la *Sonnambula* toute la saison; des amis, ils vous emprunteront de l'argent; des fermiers, il grêlera; du vin de Volney, il se piquera; du trois pour cent, il tombera à rien; des bottes vernies, elles se couperont; une maladie, elle vous commencera; un médecin, il vous finira! — Peters! messieurs, mais la tabatière de cet homme-là...

HENRI.

Ah çà, comment est-il votre homme? l'œil Antony...

CHARLES.

L'air de Delaistre quand il joue les traîtres...

ALBERT.

Le grand manteau de Méry, une voix de caverne, le cheveu noir et le sourcil circonflexe?

ROBERT.

Peters? Mais, messieurs, quand on ne le connaît pas, jamais...

ADOLPHE.

Les voilà bien! ils n'ont jamais étudié l'espèce; mon Peters n'a rien de truculent. Il ne sent pas le mélodrame, foi de gentilhomme! Mon jettator! Il a la tournure d'un honnête homme de bourgeois, les allures placides et quasi timides, la physionomie douceâtre, la parole mielleuse, le geste onctueux : pas de grand manteau! Albert, une redingote qui tourne à la coupe paternelle de la douillette. Des cheveux jaunes, mon ami, oui, jaunes, des cheveux jaunes. Et puis l'œil rond et saillant, l'œil bleu, l'œil à fleur de tête, et comme lentement roulant sur un pivot. Il est avec tout cela, le monstre, très-doux, obséquieux, avenant, allant au-devant de vous, toujours vous reconnaissant, vous abordant, vous saluant. Il a une petite voix, et au bout de toutes ses phrases, il fait un petit : hi! hi! — qui est comme un tic d'ironie. Il vous rencontre; il dit en vous donnant une petite tape sur le ventre : Vous n'avez jamais été malade, vous? Vous rentrez, et vous êtes six mois au lit. Demandez à F... Quand vous me donneriez vingt actions du Crédit foncier, vous ne me feriez pas aborder Peters sans avoir l'index et le petit doigt en arrêt... Je ne vais plus au spectacle sans une petite main de corail... Ali, le bijoutier de la rue du Mont-Blanc, depuis qu'on connaît son mauvais œil, en vend des boisseaux, comme celle-là, tous les jours.

ROBERT.

Et si vous saviez ce qu'il peint!... Un Rembrandt de cauchemar! Je n'ai vu qu'un tableau de lui, je ne sais plus où? ça représente une fenêtre de la Clinique où des fœtus étaient rangés. Un chat en avait empoigné un, et se sauvait, le brinqueballant comme un morceau de mou... Holbein est un Watteau auprès de ce coquin-là! — Il paraît qu'il a une collection de têtes de suppliciés admirable... C'est macabre! Il y a surtout, m'a dit Alfred, une tête de Fieschi... Elle marche sur vous. — Mais, le diable m'emporte! vous connaissez de Montgeron, vous, Charles? Parlez-lui du nommé Peters.

CHARLES.

Qu'est-ce qu'il lui a fait encore à celui-là?

ROBERT.

L'an dernier, au steeple-chase, Montgeron montait *Trilby*. La rivière franchie, Montgeron passe *Emilius* qui était premier. Au mur en pierres sèches, Peters dit : « M. de Montgeron saute bien. » *Trilby* tombe et se couronne; Montgeron se casse la jambe; — une bête de 500 louis !

CHARLES.

Allons, bien, c'est le bouc émissaire, votre Peters ! On tombe de cheval, c'est la faute à Peters; une pièce chute, c'est Peters; il pleut, c'est Peters; il fait froid à Longchamp, c'est Peters; vous vous découvrez des cheveux blancs, c'est Peters; vous trouvez l'omnibus complet, c'est Peters; on s'ivrogne, c'est Peters; on se met au lit, Peters; on y reste, Peters; votre notaire vous écrit une lettre de quatre pages, c'est Peters; votre journal se met à publier une série d'articles sur la production agricole, c'est Peters; vous êtes rencontré en bonne fortune dans une baignoire à l'Odéon, c'est Peters; vous recevez un billet de garde, c'est Peters; vous entendez une traduction au piano des contes d'Hoffmann, c'est Peters...

ALBERT.

Les soufflets qui se donnent, les sauces qui tournent, les portefeuilles qui déménagent en Belgique, les abricots qui manquent, Voltaire qui se réimprime, les pommes de terre qui sont malades, les baleines et les porcelaines de Saxe qui deviennent rares, les hommes de lettres et les originaux de Raphaël qui deviennent trop nombreux, les giboulées de mars, les pipes qui se bouchent, les femmes qui pleurent, les sonnettes qui cassent, le sel qu'on renverse, les livres qui ne se vendent pas, les notes d'apothicaire, Peters! Peters! toujours le mauvais œil de Peters! — Pour un peu, quand M. Peters regarde les pavés, vous feriez croire qu'il pousse des barricades!

ROBERT.

Ne rions pas de cela, s'il vous plaît.— Et permettez-moi, monsieur, un conseil d'amitié; si jamais vous parlez, dans le journal, de Peters, n'ayez pas tant d'esprit.

CHARLES.

Est-ce qu'il me fera souper avec une femme grêlée?

ROBERT.

Il viendra tous les matins se poster en face de votre porte, et vous regardera sortir, et vous verrez avant quinze jours la tuile qui vous tombera! Attendez-vous à tout, à être brûlé vif comme mademoiselle B.,., la jolie, la charmante mademoiselle B...! Peters sortait de donner une leçon de dessin à mademoiselle B... Mademoiselle B... s'approche de la cheminée pour secouer son tablier sali par le crayon. Le feu saute après le tablier; mais on a le temps de se jeter sur la jeune fille et de la rouler dans un tapis. Peters, au cri que mademoiselle B... avait jeté, remonte; il pousse la porte : la flamme, comme arrosée d'huile, reprend et court; mademoiselle B... était brûlée avant qu'on ait pu l'éteindre.

ADOLPHE.

Enfin, messieurs, ce maudit n'a servi de témoin que dans un duel : les deux adversaires ont fait coup fourré.

LE GARÇON DE BUREAU, *entrant*.

Il y a là quelqu'un qui demande à vous parler.

CHARLES.

Demandez-lui son nom.

LE GARÇON.

M. Peters.

ROBERT.

M. Peters !

ALBERT.

Voilà une entrée bien amenée !

ADOLPHE.

Si ce philistin entre ici, messieurs, demain la rédaction sera mise à deux sous la ligne, je me brûlerai la cervelle par amour, ou les écus de la caisse se changeront en feuilles sèches !

CHARLES.

Dites-lui... hum... dites-lui que je n'y suis pas.

LE PERE THIBAUT

Avril est fini.
Les feuilles poussent.
Les froids s'en vont.
Sur les ruisselets flottent encore les couvercles des boîtes à fromages, avec leurs petits bouts de chandelle éteints, lancées par les enfants, le soir du vendredi saint.

Les jours s'allongent; et les paysans se lèvent à l'aube et taillent melons et concombres, et découvrent les artichauts et les œilletonnent. Dès le grand matin, âme ne chôme ; on fait dans le jardin du maire de nouveaux plants de fraisiers et les cœurs s'enlacent.

Dans le sentier vraiment les rouges-gorges s'éveillent; et même on entend une voix douce et chevrotante, et ironique un peu, qui chante plus haut que les rouges-gorges.

Sur le chemin où passait la chanson, Minette était montée sur l'échalier pour ouvrir la barrière à ses bêtes; et Pierre quasi l'entr'aidait, appuyant contre elle par manœuvre, et la pressant sans paraître, de fine force d'accolade. A la chanson, saut de chatte, sabots passés aux pieds, bêtes entrées, Minette rouge, et révérence : Bien le bonjour, monsieur Thibaut.

> Les veillées se noient,
> Les toits gouttent,
> Pâques revient,
> C'est un grand bien
> Pour les chats et les chiens,
> Et toutes les gens
> En même temps.

Il marche au bon pas, le père Thibaut. Il n'est pas plus vieux que l'année dernière. Il a sa grande balle sur son dos, son bâton, et ses mêmes bretelles. Il faut que le père Thibaut ait de l'huile de bras pour porter depuis le temps ce qu'il porte là. Dieu merci ! il n'a pas plu, et ses souliers lacés sont propres et nets comme s'il venait d'une petite promenade sur la route aux Gendarmes.

Et de clos en clos, par-dessus les haies et buissonnets, à la chanson qu'il dit, les fillettes actives, et tous les paysans, levent le nez, du travail : C'est le père Thibaut.

Il arrive chez Collot, son compère. Collot fait une croix blanche à sa cheminée par façon de joie de le revoir et de bon accueil. Le père Thibaut met sur la table ses soixante livres pesants ; — c'est dur au dos du vieil homme, savez-vous ? De franc gosier, il lape le verre de vin frais tiré. Il ouvre sa grande boîte à deux battants ; et elle brille comme le triptyque de l'église que le curé a fait redorer. Il prend sa prise.

Chez Collot, le village entre, et s'empresse, guigne et reguigne la grande boîte. Même ceux qui cueillaient des salades pour le soir, ont dit aux salades : « Attendez, » et sont venus.

Le père Thibaut sourit de l'œil à tous les vieux visages. Il tâche à se rappeler les plus jeunes et derniers venus. Et puis, prise humée, vin lampé : — « Eh! eh! vous m'attendiez, nem'? Un peu plus tôt, un peu plus tard, que voulez-vous? c'est affaire du temps qu'il fait, plutôt que péché de mes deux jambes, qui ne m'abandonnent pas encore trop, quand je ne suis pas à l'heure du cadran de votre place. — Ne faut pas que les demoiselles regardent si fort là-dedans, avec de petits yeux de c'te façon-là, ça userait les affiquets! — C'est-y beau ce que j'ai aujourd'hui! et ça reluit, et ça pare, et ça requinque, et les blanches et les brunettes! Voyons, Manon, cette année-ci, plus d'excuses, que je t'accommode, ma fille, c'est-y pour toi qu'il fleurit ce beau bouquet d'imitation, là, dans le fond, que l'on dirait une gentille aubépine poussée par miracle? Tiens! toi, la Grande, qui manges ta pomme, veux-tu que je te dise la première lettre du nom de ton galant? Jette ta pelure par-dessus ton épaule : je lirai tout courant. Mesdames les demoiselles, je suis arrangeur à cette heure, et de compte rond; c'est-il ça, ou ça qui vous fait affaire? le père Thibaut est là pour la réponse. Pour un demi-écu, fichus rouges à ramageures, et comme en ont des filles de ville; Lucienne, à toi, Lucienne! et d'un beau rouge qui se lave, rouge comme soleil couchant sur bois. — A toi, Roussette, le tour de cou à fleurs jaunes! — A toi, bonne caquetière, qui trouves toujours le mot quand on joue aux *devinottes*, nem'? quarante épingles pour un sou, et de bonnes épingles qui surnageront si vous allez les jeter dans la fontaine de Sainte-Sabine à la forêt de Fossard, pour voir si vous aurez des épouseux; — deux liards l'aune, la tresse! des peignes, père Milon, que votre bru peigne vos chérubins de petits filiots! »

Le père Thibaut reprend haleine, et refait son verre plein, et le refait vide en moins de temps que ne part une volée de perdreaux. De lui verser chacun se peine et prend hâte. Ses sourcils sont blancs, sa bouche grande, sa veste bleue. Son gilet croisé a des boutons de cuivre. Les bretelles de sa balle sont de cuir. Ses bas sont des bas bleus à côtes. Sa voix, sans être aussi belle et redondante que celle des charlatans en habit rouge, avec des épaulettes d'or, qui battent la caisse pour étourdir le pauvre monde, et les souffrants de dents, et paraître grands savants, — sa voix est encore bonne, et prend les gens à sa caresse. Une gaie fleur de verte santé rit dans son bon vieux visage. Il a toutes ses dents, le père Thibaut.

— « V'là les collerettes, cousine Mariotte, et des fines plissures! Ça a l'air du fichu blanc autour du cou des marguerites. — Alliances poinçonnées et luisantes à se regarder dedans, Ninette! Si vous avez un soupireux, il a bien des piécettes en sa poche; il n'y a pas besoin de lui dire de vous en donner une, nem'? — Des piéges à taupes qui vous feront grand ouvrage et tuerie, père Fleury! — Ah! ah! n'allez pas par là, c'est pas pour vous Jean-Pierre; c'est des choses de paresse : de l'encre et des plumes, à c'te fin qu'il y ait aussi de quoi pour M. le curé et le maître d'école... De la belle toile, nem'? et qui n'est pas d'usure! faites passer à ça deux nuits à la rosée : c'est une soie sur le corps. — Je sais bien que la moisson n'est pas sur le feu; tout de même, je vous apporte des pierres à aiguiser des faux. — Voulez-vous des rigoles de buis pour vos futailles? C'est-y des pommades avec une fleur dorée dessus? des tabatières de bouleau qui fraîchissent? — Il vous faut des mouchoirs bleus à petits carreaux. — Chut! chut! je serais à l'amende comme fraudeur : c'est du tabac... de là-bas... suisse, pour les vieilles pipes d'ici. Si je courais avec tout ça au dos, ça ferait carillon, hein? tous ces chapelets et médailles de la Vierge pour le cou de vos petits poupinets et poupinettes! — Et des petites croix de cire bénites, à mettre sur les ruches, crainte que les abeilles ne s'ensauvent. — Tenez, je retrouve des couteaux, beaux manches jaunes à fleurettes, comme des bêtes à bon Dieu. — Une belle jupe pour la danse et les assemblées! A toi, Marie-Jeanne, un casaquin couleur de bois qui ne se salit pas. Tu te rouleras des ans au coin de ton feu, que pas une tache ne marquera. — Du savon à détacher la laine, et qui savonne en un clin d'œil, — et de beaux miroirs à serrer en poche; miroirs d'étain qui se referment, avec un joli drap sur la glace, qui vous diront vos vérités, Jeannette; mais n'allez point par chaque minute à c'te confesse-là, coquette! — Et du fil, et des boutons, toutes les cognandises pour les ménagères qui ont homme à pourvoir et maintenir; — et des ceintures, et des rubans, — ceux-là bleus, comme quand il fait beau, nem'? Eh! eh! ruban bleu, mes enfants, c'est jarretière de mariée. »

Automne amène hiver.

Voilà qu'on laboure et qu'on taille les arbres.

Aux *tendues*, dans les bois, il n'y a plus de passage d'oiseaux. A peine si, de loin en loin, près des places à charbon, une bécasse se prend dans un lacet abandonné.

Les feuilles se rouillent.

Les fumées des sabotteries se voient à travers les futaies moins vêtues ; on a mangé le pain de Noël, le *Rama,* garni de quartiers de noix et de poires sèches. Dans les nuits longues les chiens hurlent à la mort.

Pourtant, sur les feuilles du chemin de la commune, un pas crépite et s'approche ; et dans le taillis sans musique à présent, une chanson vole, vole de branche noire en branche noire.

> Dieu a gardé vos bêtes
> Et les yeux de vos têtes,

Et des larrons, vion, vion!....
La petite Saint-Sauvé, vite donc! vite donc!

C'est le père Thibaut.

— « Oui-dà, mes enfants, c'est le vieux père Thibaut. » — Il déroidit un peu ses doigts bleus, s'asseyant sur une chaise dans le grand âtre de la cheminée, à côté d'un jambon pendu. Il lui faut maintenant toquer à chaque porte, et aller s'asseoir à chaque cheminée ; car les portes sont bien closes à présent ; même le trou où passe le chat familier, on l'a bouché ; et les vieilles femmes filent près du feu.

— « Ne m'ayez pas rancune, les amis, si je vous apporte neige, mauvais froids, vilains ciels, toutes les colères du bon Dieu ; je vous apporte aussi du chaud et du doux : c'est-y vous, la Colombey, qui voudriez que votre homme eût froid? A ne pas lui acheter de ces bas aussi chauds qu'haleine de four, et qui chaussent les genoux comme des bottes de marais, vous n'auriez pas un gentil cœur. Une bénédiction, ces bas, pour le labour d'avant le jour, quand la terre est roide gelée! — Ça, nem'? des petits chaussons pour mettre aux fanfans qui ne tiennent pas au feu, et vont s'éjouir à la neige. — C'est-y pas toi, Jean les-bé-jambes, qu'a toujours un regret de douleur dans les épaules? Prends-moi de c'te boule-là; c'est de la santé en barre, mes agneaux! — Ne montre pas tes dents, la grosse Jeannette: il n'est pas beau de rire comme ça contre la marchandise du père Thibaut, parce qu'on a été en condition à la ville; — une vraie boule de Nancy, à mettre dans de l'eau, à s'en frotter le rhumatisme, et qui vous remet une foulure mieux que tous les rebouteux! »

Il entre chez le père Valence. — « Bonjour, mère Valence! v'là votre eau qui bout sur le feu. Vous savez ce qu'on dit à Cornimont : que c'est âme du purgatoire qui prend un bain? Faudrait avoir pitié. »

Le père Valence rentre. Pour ne pas les perdre, il était allé donner aux bestiaux qu'il a achetés hier une tartine beurrée tournée trois fois autour de la crémaillère.

— « Bonjour, père Valence, je ne vous ai pas mis dans les oublis, père Valence. Les yeux, comment que ça va? Le blé a grainé cette année; le diable n'a pas chevillé les moulins; l'argent n'est pas cher; c'est pas une pièce de vingt sous de plus ou de moins... Des lunettes à tous yeux, bien montées de fer-blanc, qu'on marcherait dessus sans qu'elles cassent, — un bel étui, là; — et qui vous feront lire dans votre vieux livre de messe, comme dans du tout neuf. — Et votre enfant, le malingre, ça lui irait-il pas, un tricot comme ça? ça le sauvera de l'hiver, c'te enfant; tâtez, virez, c'est du soleil dans le dos, qu'un tricot calibré de c'te épaisseur. Des bonnets de coton doubles de Troyes, qui vous enfournent jusqu'aux oreilles, et que la bise siffle en démon, que les carreaux le matin soient tout blancs, vous ne prendrez pas de ces vilains rhumes qui ne se détachent pas. »

Le père Thibaut va plus loin à la ferme. Les marmots qui étaient à l'écurie, à fouailler les poules avec le grand fouet, l'entendant arriver, rentrent pêle-mêle, les cheveux pleins de paille, dans la grande chambre. — « Les petiots! les petiots! c'est toujours des alouettes, monsieur Landry; les petiots, ne sautez pas après mes images, que vous me les déchireriez. L'*Histoire du Juif-Errant*, *Sainte Geneviève de Brabant*, les *Hus-*

sards français à pied ; voyez, il ne m'en reste plus qu'une de cette belle-là. »

Les marmots prennent d'assaut les épaules du pere Thibaut pour regarder l'image. L'image a une légende en français et en espagnol. Elle porte à l'un de ses coins : *Dubreuil, rue Zacharie*, 8. Il y a un catafalque jaune, coupé de guirlandes vertes avec des Renommées roses, adossées aux angles, des brûle-parfums jetant au premier plan des fumées bleues et violettes, des horizons de drapeaux tricolores, des groupes de lustres, dont le rayonnement est fait par le blanc épargné du papier, des femmes en robes rouges, des messieurs en habit bleu cobalt ; et un groupe principal composé d'une femme en chapeau vert-pois, un boa au cou, un châle bleu de ciel, avec des franges oranges, et une robe rouge, d'une femme ainsi vêtue qui donne la main à un jeune enfant en redingote polonaise avec un collant et des bottes à la hussarde.

— « Et puis que je vous souhaite bonne année, récolte bonne ! Savez-vous que v'là bientôt à Saint-Sylvestre, et v'là encore une gueuse d'année de finie ? Bien des maux, une année ! Faut que vous sachiez le temps, est-ce pas? et donnez-vous un almanach! Bleu, vert, jaune, la couleur n'y fait rien. Le *Grand Messager boiteux des cinq parties du monde*, le *Messager à la Girafe* ou le *Postillon lorrain*, monsieur Landry; vous trouverez là tout ce qui vous est d'utilité et d'avantage, à savoir : le comput ecclésiastique, l'horoscope de vos caractères, les remèdes contre la rage et les remèdes contre le piétain, le crapaud, le fourchet et les autres. Faites emplette, monsieur Landry; les routes s'embourbent; je ne viens pas tous les huit jours; qui ne m'achète, regrette; et puis ça me délourdit de ma charge pour m'en aller. Vous retournez à mon image? Une fois, deux fois, monsieur Landry, ça vous va-t-il? topez là pour l'image et le *Liégeois!* »

Partout et toujours, dans toute la chaîne des Vosges, trottinant, marchant, ouvrant sa balle et la refermant avec toutes sortes de bonnes et gaies paroles, — ici l'été, là l'hiver, — à Pompierre, venant comme avril vient, à Allarmont, arrivant comme janvier arrive, — toujours chanson voltigeant aux lèvres, appétit en poche, et cœur content, oui-dà, c'est le père Thibaut. — Du bisaïeul au grand-père, du grand-père au père, du père au fils, le petit commerce s'est légué; et bien sûr, mes amis, que c'était un Thibaut qui colportait de village en village, tout par là, dans les vieux temps passés, le vieux *Kalendrier des bergiers,* qui tant contenait : *Tables des festes mobiles. Tables pour congnoistre chacun iour en quel signe la lune est. Figures des éclipses de lune et de soleil et les jours, heures, minutes. Larbre et branches des vices. Les peines denfer, le liure du salut de lame. Lanothomye du cors humain. Lart de fleubothomye des veines. Le régime de santé du corps humain. Lastrologie des bergiers. Des quatre complexions. Les iugements de phizonomie. La division des eages. Les dits des oyseauls. Les méditations sur la passion. Dictiez et epitaphes des morts. Loraison que bergiers font a notre dame. Et plusieurs autres choses.*

UN VISIONNAIRE

— Des contes à mourir de peur! dit Madame ***.

— Madame, — répondit Frantz avec un sourire, — il faut bien s'amuser à quelque chose, à la campagne.

— Et vous laissez refroidir votre thé? — lui dit Édouard.

— Madame, c'est une autre histoire que je veux vous conter. Cassio Burroughs était le plus beau garçon de Londres. Ajoutez qu'il était bretteur. Il eût tué tout le monde, si tout le monde avait voulu se battre en duel avec lui. — En sorte qu'il avait pour maîtresse une grande dame, une Italienne. Comme elle était à son lit de mort, elle lui fit jurer de ne jamais dire ce qu'il y avait eu entre elle et lui. Cassio pleura. La femme mourut. Un soir à la taverne, — Cassio buvait, madame, — Cassio but et parla. Depuis lors, à toutes ses orgies, à côté de lui vint s'asseoir la belle Italienne. Le matin de son dernier duel, l'Italienne vint le prendre par la main et le conduisit jusqu'au terrain.

— Ah! le beau drame! — fit Hector.

— Je ne l'ai pas fait. — Et Frantz s'inclina froidement.

— Voulez-vous encore une tasse, ma lugubre Schéhérazade? — Et madame *** s'apprêtait à servir Frantz.

— Mille remercîments.

— Et vous croyez aux apparitions?

— Si j'y crois?.... Madame, si j'y croyais, je serais fou.

— Et vous ne l'êtes pas? — dit Hector en riant.

— Je n'en sais rien, monsieur. — Ah! madame, il y a peut-être un monde que nos yeux ne voient pas, et que nos oreilles n'entendent pas. — Blake, qu'on nommait *le Voyant*, causait avec Michel-Ange, dînait avec Moïse, soupait avec Sémiramis. Il vous disait : « Vous n'avez pas rencontré Marc-Antoine? il sort d'ici. » — Ou bien encore : « Ah! voilà Richard III. Ne faites pas de bruit, il pose. » Et il prenait ses crayons, — car c'était un artiste, — et il dessinait devant vous le Richard III.

— Eh bien oui ! — dit Amédée en remuant le fond de sa tasse de thé avec la petite cuiller de vermeil, et en la reposant sur la table de bois peinte en vert, — une hallucination ! Maintenant, l'hallucination est-elle, comme a dit un médecin aliéniste, une image, une idée, reproduite par la mémoire, associée par l'imagination, et personnifiée par l'habitude?...

— Monsieur Amédée, vous parlez comme un livre allemand ! — dit madame ***.

— Et que ferez-vous, en ce cas, de Ben Johnson, — reprit Frantz, — qui passait certaines nuits à regarder son gros orteil, autour duquel il voyait des Tartares, des Turcs, des catholiques monter et se battre? Allez, messieurs, le cerveau de l'homme, — la nature psychique, comme ils disent, — ils ont beau y mettre le scalpel, ils le pèsent comme un paquet! ils ne sauront pas encore demain ce qu'il y a dedans. — Oui! expliquer l'hallucination, rêve les yeux ouverts, quand vous m'aurez expliqué le rêve, l'hallucination les yeux fermés! — Cet homme voit dans ses appartements des personnes inconnues, aux visages pâles, aller et venir. Celle-là, une femme aveugle, dit le matin à sa bonne : « Ouvrez la porte toute grande! Que tous ces messieurs et toutes ces dames s'en aillent! » Et il n'y a personne chez elle. Pour un autre, ce sont des personnages habillés en vert qui dansent dans sa chambre ; — et 'es exemples les plus extravagants et les plus divers de cette détente de l'attention, — encore une définition! — de cette fascination de l'organe visuel, de ce degré morbifique de la sensibilité! Et le libraire de Berlin, Nicolaï! Celui-là, qui boit, a les diables bleus. — Et vous savez, madame, l'histoire des visions de ce magistrat anglais? Il vit d'abord un chat, puis c'était un huissier de cour avec la bourse et l'épée. une veste brodée, le chapeau sous le bras; puis enfin ce fut un squelette, caché dans les rideaux de son lit, et regardant par-dessus l'épaule de son médecin !— Mais pardon, je bavarde....

— Et mon album attend, — dit madame *** en le lui tendant à une page blanche...

Frantz se mit à écrire.

Et je ne sais pourquoi tout le monde se tut, écoutant la plume de fer grincer à chaque grain de papier.

La porte, tapissée de roseaux, s'était entrebâillée par hasard. Les deux bougies vacillaient dans le pavillon rustique où se tenaient madame *** et ses invités, auprès des tasses de thé, le dos appuyé contre le mur de mousse. Au dehors, par la fenêtre encaissée entre des troncs d'arbres non écorcés, on voyait la nuit, et la lune qui donnait à la pelouse, margée de grands arbres tout noirs, l'aspect d'une nappe blanche. Quelques petites rigoles qui descendaient à la rivière dans des conduites de bois faisaient dans le lointain de petits bruits douteux. Il y avait de brusques remuements de feuilles dans l'allée de tilleuls qui bordait l'eau. La lueur agitée des deux bougies coulait, par la porte entr'ouverte, sur l'allée sablée, et mettait, se perdant, sur quelques bouleaux des futaies, des apparences fantasques. Tout au fond, dans le parc, on entendait par instant un renard qui vagissait comme un petit enfant.

— Voici, madame. — Frantz lut :

— Le petit tambour était joli ; il était joli comme un cœur avec ses cheveux blonds et son uniforme rouge.

Sa mère est à Newcastle, elle fait des aiguilles ; et son père est mort, comme un homme, à la bataille.

Il a l'œil éveillé et le cœur qui sautille, le petit tambour. Les jeunes filles le regardent et lui les regarde aussi ; et puis, il suit son chemin, car il faut qu'il arrive avant le soir à son régiment, avant qu'il ne fasse noir comme l'encre.

Jarvis est grand, Jarvis est fort. Il a la joue fendue. Il dit au petit tambour : « Nous ferons route ensemble. Tu es petit, je te protégerai. Les corbeaux dorment, et il n'y a personne, ni un homme, ni une femme, ni une petite fille, personne sur la route. »

Jarvis a un petit couteau dans sa poche. Ils passent dans le bois. — « Monsieur, dit le petit tambour, — la route est là ; pourquoi allons-nous dans le sentier ? Serrez votre petit couteau. »

Le petit tambour était joli ; il était joli comme un cœur, avec ses cheveux blonds et son uniforme rouge.

A Newcastle, on a rapporté le petit tambour. Il a du sang rouge dans ses cheveux et sur son uniforme rouge. — Il ne battra plus, madame, votre enfant ; madame, il ne battra plus en tête du régiment.

Jarvis se lava les mains. — Il est allé à Portsmouth. Il a vu un navire qui se balançait comme une demoiselle prête à danser. Il est parti bien loin sur la mer.

Il fait nuit sur le pont comme dans la cale. Il fait nuit dessous et dessus. Jarvis dit au marin de quart : « John, les pavés se remuent et courent après moi. » — John dit : « Ne prends plus de gin. »

« John, les pavés se détachent, vois, vois-tu ? Ils courent après moi. Tu sais, le petit tambour,

le petit tambour si joli avec son uniforme rouge?
— John dit : « Va trouver le médecin. »

— « Non, non, je n'irai pas trouver le médecin. Cet enfant qui nous suit de si près, le petit garçon sanglant, — les pavés courent, — vois-tu comme il se traîne sur les cailloux? Le voilà! »

Et Jarvis se met à courir. Il tombe par-dessus le bastingage. Il remonte sur la vague. Il crie : « *God by!* le petit tambour! » — C'est tout.

— Est-ce qu'elle est vraie votre ballade, monsieur Frantz?

— Comme l'histoire de Talma. Vous connaissez tous ce que Talma racontait, et ce qui faisait son jeu plein de terreur. Lorsqu'il entrait en scène, il tendait sa volonté, et ôtant les vêtements de son auditoire, il faisait que ses yeux substituaient à ces personnages vivants autant de squelettes.

— Mais à vous, monsieur, — dit Paul, — ne vous est-il jamais personnellement arrivé...

— Si fait, monsieur, — dit Frantz d'une voix lente.

Madame *** se rapprocha de ses voisins.

— Il y a neuf ans de cela; j'étais dans un village près de Saverne. Je finissais mes études, et je logeais chez un curé. Le presbytère était sur le haut d'une colline. Du bas du presbytère partait une grande allée de vieux tilleuls, — comme vos tilleuls là-bas, madame, — qui menait au cimetière. Les gens du pays racontent toutes sortes d'histoires sur cette allée de tilleuls. Il paraît qu'il s'y pend au même arbre un homme tous les ans. Ce que je puis dire, c'est que j'y suis resté un an, et que j'ai vu au fameux arbre un pendu. Mes deux fenêtres donnaient du côté de l'allée, et quand il faisait une belle lune, je distinguais chaque tombe du cimetière. Une nuit...

— Ah! monsieur Frantz, — dit madame *** en se cachant de pâlir sous un sourire, — vous avez fait le pari de me faire peur ce soir, et voyez, vous avez gagné. Qui de vous, messieurs, me donne le bras jusqu'au château?

— Moi, madame, si vous le voulez bien, — dit Hector en se levant.

Les jeunes gens allumèrent un cigare. On retrouva du thé au fond de la théière.

— L'apparition de Saverne, l'apparition de

Saverne! — dirent ensemble Édouard, Amédée et Paul.

— Messieurs, l'apparition de Saverne est une apparition d'une nuit. Cela ne vaut pas vraiment la peine de conter; mais, puisque vous êtes en veine d'écouter...

Frantz parut se recueillir.

C'était un jeune homme de vingt-six à vingt-huit ans. Il était blond. Ses cheveux longs, plantés hauts sur le crâne, s'élevaient droits sur leurs racines et retombaient plats sur les joues, laissant se montrer les deux bosses frontales. Il était maigre; son nez était fin; ses moustaches tombaient sur les coins de sa bouche. Son menton, un peu pointu, était garni d'une longue impériale. Ses yeux bleus, d'un bleu sourd, étaient petits et enfoncés. Ses pommettes saillaient vivement sur sa face osseuse, dont la lumière des bougies accusait, à grandes ombres, tous les creux. Ses doigts étaient longs. En parlant, il tenait ses auditeurs sous un regard qui paraissait par moments figé comme un regard d'aveugle. — Il était vêtu de noir.

— Puisque nous sommes seuls, messieurs, reprit Frantz après quelques instants de silence, — que la châtelaine est partie, et que vous êtes éveillés comme des gens qui attendent un revenant, je vous raconterai ce que je vois tous les huit jours; mais ayez la bonté de pousser la porte. Ces tas de plâtre qui sont après l'allée, et sur lesquels la lune donne, ont l'air de linceuls, et cela m'ennuie... me fait peur, si vous voulez. — Je perdis jeune une sœur que j'aimais. Le cimetière était assez éloigné de la petite ville que nous habitions; j'y allais tous les soirs après souper. Deux mois, je l'ai vue, jour par jour, comme je vous vois, et les vers venir, et la chair s'en aller. Je la voyais comme elle était sous terre. Il n'y avait pour moi ni pierre ni sapin; je la voyais... un spectacle horrible et qui me tuait! et je revenais toujours... Depuis lors, je dormis mal. Les songes me vinrent. Mes insomnies se peuplèrent. Un dimanche, dans la nuit, — mon père gardait le lit depuis deux jours, — dans un rêve, je vis dans notre salon beaucoup de gens de ma famille en deuil; une de mes tantes s'approcha de moi, et me dit : « Ton père ne passera pas trois jours. » — Mon père mourut le mardi. Cela me mit encore plus de songes dans la pensée. Mon père et ma sœur me revenaient souvent. Insensiblement, je nouai ma vie avec des imaginations bizarres; des fantasmagories m'assaillirent, et, si vous voulez me passer l'album, oublié là, je raconterai en crayonnant.

Il est une heure. Je me couche. Je regarde sous mon lit. Je regarde toujours sous mon lit. Je vois si la porte de l'appartement est fermée à double tour. Je regarde dans mes armoires. Je pousse les tiroirs de ma commode et je mets les clefs sur le marbre de ma table de nuit. Une heure, deux heures se passent sans sommeil. Je me sens froid aux pieds. Mes tempes se compriment. La voûte de mon crâne semble s'abaisser. Des bouffées de chaleur me montent à la tête. Les muscles de mes jambes se distendent. Je mets quelquefois la main sur mon cœur : il ne bat ni plus vite ni plus fort. Mes mains se contractent et se crispent aux draps. J'ai la gorge serrée. Je sens un poids au creux de l'estomac, et par tout mon individu un sentiment d'anxiété et d'angoisse que je ne puis dire.

Ma porte s'ouvre doucement. Une tête passe,

me fait un salut, et semble demander du regard si l'on peut entrer. Puis le personnage entre et à sa suite se faufilent processionnellement vingt à vingt-cinq larves d'un pied et demi de haut. Ces terribles grotesques ont la blancheur livide d'une tête de veau échaudée. Ils marchent sur des pieds grands au moins comme le tiers de leur corps, pieds à peine équarris dans la chair mollasse. Leurs mains informes et gélatineuses se digitent en d'immenses doigts annelés de bourrelets de graisse. Tous emboîtant le pas, et comme enchevêtrés l'un dans l'autre, se prennent à côtoyer lentement le mur, contournant les meubles, entrant dans tous les angles, passant autour de toutes les saillies, ondulant et fourmillant comme un monstrueux relief de Calibans nains. Le maître des cérémonies est un croque-mort qui a sa tête sinistre couverte d'un gigantesque tricorne, d'où s'échappent, voltigeant à terre et se prenant en ses jambes, deux bandes de crêpe noir pareil à celui de Crespel. Sa face est creusée du front aux dents comme un quartier de lune, sa veste est noire, ses grandes bottes sont relevées au bout à la poulaine.

Il tient dans sa main une lettre bordée et cachetée de noir. Je n'ai jamais pu lire ce qu'il y avait sur cette lettre. Il est suivi d'une petite femme dont l'épaisse chevelure grise, séparée au milieu de la tête, retombe jusqu'aux talons, comme un voile poudreux autour d'un corps qui semble habillé d'une vieille reliure de vieux vélin. Ses deux grands yeux blancs, logés dans des orbites de crâne desséché, sont tachés d'un point noir; les mâchoires, dégarnies de joues, bâillent hideusement avec toutes leurs dents et leurs gencives dénudées; la colonne vertébrale, qui relie la tête au reste du corps, et les clavicules apparaissent tachées de rouille, complétement dépouillées. Sous les turgescences des seins, les vertèbres trouent la chair; et l'épouvantable Lamie de ses doigts de chauve-souris porte son ventre ballonné comme une vessie de blanc. Du ventre partent deux petites tiges emmanchées de deux pieds plats, — deux truelles de maçon. — Cette apparition, messieurs, est celle qui m'effraie le plus. — Ce ne sont pas les caprices funèbres du graveur espagnol; ce ne sont pas les ombres stygiennes de l'antre de

Trophonius; ce ne sont pas les griffonnages et les bossues goîtreuses du Vinci; ce ne sont ni les maigres squelettes classiques des *Danses des morts*, ni les figurations antinaturelles des mythologies de l'Edda; ce sont plutôt, — autant que ma pensée peut trouver une analogie à ces visions de terreur caricaturale, — ces idoles sataniques que, dans un tronc d'arbre, Java taille à ses dieux de mort. — Derrière la femme vient un garde national pied-bot, avec un énorme bonnet à poil. Les bras retournés, plus longs que son corps, traînent par terre derrière lui deux mains semblables à des poulpes de mer; puis encore, c'est un cul-de-jatte assez proplet, avec une jolie queue par derrière dont le nœud forme un énorme papillon noir, voltigeant de droite et de gauche; les moignons sont fichés dans les pieds ronds en bois des poupées de vingt-cinq sous; il ne touche pas terre et tenant une béquille de chaque main, il se balance dans le vide, comme un pendule.

Après cela, ce sont les incestes de la forme humaine et de la forme bestiale, les plus inouïes contrefaçons de l'homme. Une grosse tête d'enfant, cerclée d'un bourrelet, montée sur des pattes de faucheux; une face qui rentre dans le crâne fait en coquille d'escargot... Je veux leur parler; je ne puis. Ma langue se colle à mon palais. Ils vont ainsi, suivant chaque plan du mur, fût-ce une moulure, jusqu'à mon lit. Ils passent frôlant mes draps. Un clown diabolique marche les pieds en l'air, les mains passées dans de prodigieux sabots; des mufles de gargouilles; un prêtre qui a des règles d'ébène au lieu de bras; un homme qui chevauche une tarasque, en mâchant une boule de billard rouge; un maître d'armes avec un serre-bras, un énorme tire-bouchon en guise d'épée; — tout cela passe; les uns me regardent tristement; les autres d'un air menaçant; les autres indifférents, ou occupés à marcher sur la queue traînante de ceux qui les précèdent. Cheveux et barbes faits en plumes d'oiseau; des gens qui portent la tête du côté du dos, des pieds palmés; c'est comme si un Callot d'enfer vidait ses cartons dans ma chambre! les plus étranges accoutrements... — et il n'y a point entre eux et moi cette gaze dont parle Esquirol; — tout éclate de lumière, pourpoints à la croix blanche des

Templiers, des faux cols, des chapeaux en entonnoir, des éperons, des lunettes d'or, des fraises Henri II, des redingotes à la propriétaire... Ils s'en vont; je sens qu'ils passent dans la pièce à côté de ma chambre, et qu'ils en font le tour. Quelquefois ils reviennent, et tournent encore une fois...

Le sable cria dans l'allée.

— Messieurs — dit Siméon en ouvrant la porte — le feu est allumé dans vos chambres!

UN COMÉDIEN NOMADE

« V'là les comédiens! serrez les couverts! »
— L'étape a été longue, le chemin poudreux. Tout le long de la route, vainement les cabarets ont balancé leurs provoquants bouchons de paille : il a fait soif pourtant; mais la dernière sous-préfecture n'a pas goûté *Lazare le Pâtre*. Ils arrivent, les pauvres diables! « riches de mine, mais pauvres d'habits » dans un char à banc peint en jaune, avec leur bagage dans de mauvaises caisses en bois blanc chargées et rechargées d'adresses. Ils arrivent. L'hôtesse de Châteauroux, qui les a flairés, crie à la bonne : « V'là les comédiens! serrez les couverts! »

Comédiens de province! parias, sentinelles perdues de l'art dramatique, artistes au long cours, allant par toute la France à la chasse de la recette, portant dans une misérable valise toutes les gaietés et toutes les terreurs, les fourberies de Scapin et les fureurs d'Oreste, des couronnes et des battes; comédiens à toute outrance, suppléant aux décors, faisant de rien quelque chose; Napoléons de la rampe, rayant le mot *impossible*, apprenant sept actes en deux jours, prenant le vent comme il vient, le public comme il est, emplissant la rotonde des diligences, répétant dans les auberges la fenêtre grande ouverte; quelquefois montant et descendant toute la gamme des passions humaines dans une grange pour dix sous les secondes; tirades hurlées, recettes en gros sous, existences de hasard, dîners d'occasion, couchées de rencontre, le *plaustrum* de Thespis moins les vendanges, soupirs des Ragotins de l'endroit pour Angélique ou mademoiselle l'Étoile, hôtelleries où l'on engage « les chausses troussées à bas d'attache »; vie de pourpre et de guenilles, d'imaginative et d'audace; vie à la Rosambeau, où Robespierre se fait un gilet avec du papier grand-aigle, où Louis XV se fait une perruque avec des copeaux poudrés de farine!

Pauvres comédiens! toujours tournant le dos au succès, toujours gais et dispos, toujours éclatant en joyeuses histoires, la boîte de Pandore sous le bras, la boîte ouverte, l'espérance au fond!

Destin! l'Olive! la Rancune! X... était votre frère! Et lui aussi était allé au Mans et partout, lui aussi eût joué une pièce à lui tout seul! lui aussi eût fait en même temps le roi, la reine et l'ambassadeur!

C'est X... qui va trouver un correspondant dramatique : « Parbleu! monsieur, je viens vous demander une place dans la troupe que vous formez pour Abbeville! — Quel emploi jouez-vous? — Monsieur, quel est l'emploi que l'on paye le plus cher? — Monsieur, ce sont les premiers ténors. — Eh bien! monsieur, mettez que je joue les premiers ténors! » Et il joua les premiers ténors.

X... est maigre comme un vieux cheval; il mange comme un homme qui a eu appétit toute sa vie. X... ne joue bien, à ce qu'il dit, que lorsqu'il a un coup de soleil — (son coup de soleil, il le jauge à huit litres).

Mais il faut l'entendre annoncer, ainsi jauge, dans le drame moyen âge la fameuse lettre patente : « C'est une lettre *épatante* du roi ! » — il faut l'entendre prononcer sa fameuse phrase : « Allons ! il se fait tard, regagnons notre pauvre chaumière ; là, du moins, nous goûterons le bonheur que le riche ignore peut-être sous ses *nombrils* dorés ! » — il faut encore entendre dire cette autre phrase de la *Forêt périlleuse* : « Faites tourner ce rocher sur ses gonds. Le capitaine ne plaisante pas ; à la moindre *inflaction* à la discipline, il vous tranche la tête avec un sabre fraîchement *émolu*, comme je la tranche moi-même à ces simples pavots ! » Cette dernière phrase, où X... employait toutes les cavernosités de sa voix, fit frémir trois mois le parterre de Nérac.

Il y a dans X... pas mal de Panurge et beaucoup de Gringoire. Plus riche en ressources que Quinola, il a toujours à sa disposition soixante et trois manières de payer un écot. Ne doutant de rien, et moins de lui que de toute autre chose, grand caractère tout frotté de stoïcisme, assez indifférent aux pièces qui *descendent la garde*, accueillant les bravos avec gravité, il déjeune parfois d'une croûte trempée à la fontaine du comédien de Le Sage; mais vient-il à dîner, à dîner avec la fine côtelette aux cornichons, la sardine et l'omelette au lard, il ne songe nullement, je vous jure, à penser qu'il y a 365 dîners dans l'année.

X... a une expression favorite :

Un rien vous étonne, et tout vous embarrasse.

Un de ses amis le rencontre à Paris : Quel emploi avais-tu à Lunéville? — Hautbois. — Comment, hautbois? Ça n'est pas un emploi, ça. Et puis tu ne sais pas en jouer...

Un rien vous étonne, et tout vous embarrasse!

X... a toujours les mains sur les hanches, comme s'il cherchait la batte d'Arlequin. Il sautille; ses mouvements sont saccadés. Il a l'air de remuer, piqué d'une tarentule. Sa voix est aiguë, aigre et criarde, et se raccroche en ses hiatus au perpétuel *sangodemi!* — Quand il parle, il s'aide de ses yeux, et roule les prunelles comme s'il jouait dans la vie privée les traîtres de Bouchardy.

X... est prêt à tout, propre à tout. Un accessoire qui manque, il le remplace. Un souffleur, qui crut lui faire une mauvaise farce, lui souffla un soir tout le temps d'une pièce le journal *la Patrie* : X... improvisa un autre rôle. — Dans je ne sais quel drame, l'horloge devait sonner trois heures. Elle ne sonne pas. X... s'approche de la rampe, fait : Tin!... tin!... tin!... et reprend : Trois heures ont sonné! — Rien ne l'embarrasse. Je ne vous dirai pas qu'il jouera sans public, non ; mais il jouera sans salle. A Rouen, le directeur du Théâtre des Arts ne veut pas lui laisser donner sa représentation à bénéfice sur son théâtre : X... va trouver le directeur d'un théâtre de marionnettes, et lui loue sa salle. Il n'y avait qu'un inconvénient : X... était plus haut que le théâtre. Quand il était debout, sa tête était dans les frises. X... ne sourcille pas. Il se couche à terre, s'appuie sur un banc de gazon, et chante ainsi couché : *Asile héréditaire*, de *Guillaume Tell*, et dit la tirade de Gros René, du *Dépit amoureux*. Il fit 47 fr. de recette. A un de ses amis qui lui disait : Comment.....?

— Un rien vous étonne, et tout vous embarrasse!

Écoutez ses vues sur l'esthétique de l'art, quand à la Halle il va de chez Baratte chez Bordier, bras dessus, bras dessous, avec F..... qui l'avait ce soir-là enguirlandé, des pieds à la tête, d'une devanture d'herboristerie : « On n'a jamais compris Buridan de *la Tour de Nesle*; Buridan ne doit pas avoir une cape, une épée; c'est pas ça. Buridan est un soldat qui revient de la guerre; il fume son brûle-gueule, raconte ses campagnes, et demande un litre à 6! »

A table d'hôte, quand on enlève un service : Laissez! « laissez! dit X... Ces plats ne vous gênent pas; ils charment ma vue! »

Grand comédien que ce X...! — Ce n'est pas qu'il ne soit sifflé, et souvent, et beaucoup, et très-fort! Mais il a le caractère et le dos fait aux sifflets comme aux *frutti* du parterre de Rouen, et va se *guabelant* de tout cela. — Il joue le

premier acte de *la Dame blanche.* Il est sifflé. Le second acte va commencer. Le directeur vient le prévenir. Il trouve X... se déshabillant tranquillement dans sa loge. « Mais vous êtes donc fou ! Et le second acte... — Je ne le sais pas, ni le troisième. — Comment ? — J'ai toujours été sifflé au premier. Je n'ai jamais joué le second. »
— On lui jette un jour du paradis une tête d'oie. — Messieurs, dit X... en la ramassant, la personne qui a laissé tomber sa tête pourra la réclamer au vestiaire en sortant.

Va, pauvre X...! pauvre méconnu ! pauvre calomnié ! va de sous-préfecture en sous-préfecture, méprisé de tes collègues des grandes villes, pensant avec Bonaventure Des Périers « qu'avec cent francs de mélancolie, on ne paye pas pour cent sols de dettes »; — peut-être un soir, dans le Midi, bien las et fatigué, tu t'assiéras sur un banc de pierre, sans un sou de courage ni d'argent, n'ayant plus qu'un vieil habit noir à vendre, l'habit de tes jeunes premiers; tu t'assiéras, les pieds moulus et la mort dans le cœur: alors une vieille femme passera qui te dira : « Venez chez moi. » Elle te fera bien souper et

bien coucher. Et le matin, quand tu lui diras :
« Je ne peux pas vous payer. Je suis comédien ;
voilà mon habit » ; — la femme le repliera, ton
habit noir, et le remettra dans ton sac en te
disant : « Moi aussi, j'ai un mauvais garçon de
fils qui est à courir la France comme vous. Eh
bien ! s'il se trouvait dans votre position d'à-
présent, j'aimerais bien qu'il trouvât une brave
femme comme moi pour lui donner à manger et
à coucher. »

Sur la tombe du nomade, qu'on mette un
masque comique, un bâton de voyageur.

L'EX-MAIRE DE RUMILLY

C'était, après tout, des gens d'esprit essayant de faire l'hôtellerie de la vie bien fournie, montée, pourvue, garnie de toutes sortes de plaisances, charmes et agréments, dormant grasses nuitées, riches et argentés comme des mendiants qui reçoivent de tout le monde, écrémant le plaisir et la satisfaction du mariage pour laisser au prochain ses charges, ennuis, chagrins et déboires, se gagnant magnifiques, et bien-sonnants, et doux-flattants revenus de leur ferme du ciel, ayant à portée de la main toutes bonnes et désirables choses. Les belles plaines, avec fraîches eaux, beaux prés valants, terres fertiles, salubres et délicieuses, étaient leurs douaires et leurs hoiries prédestinés. « O gens heureux! ô demy-dieux! » — leur disait l'autre, les voyant autour des dix sept cent mille clochers de France, seigneurs de toutes les bonnes pâtures, beaux aspects de feuillade, et belles granges et basses-cours, et bois, et rivières, bien ameublés de tous gibiers, poissons, poulailles, bien vivant, mangeant, humant : « O demy-dieux! ô gens heureux! c'est paradiz en cette vie et en l'aultre pareillement avoir! »

Habiles gens que ces épicuriens du maigre et du jeûne! Des étangs à ne pas les compter, où le filet n'avait qu'à se laisser tomber pour ramasser, à se rompre, brochets, carpes, brochetons, anguilles! Viviers de pierres de taille pour garder le tout bien vif et en santé! Allées sablées pour l'abbé, de l'abbaye jusqu'à la belle vigne, folie et joie et réconfort des soirées d'hiver, attendant les buveurs dominicaux, couchés sur les coteaux de pierre à fusil! Domiciles d'élection, de paix, de pitancerie, et de bien-être, et de belle vue champêtre, avec le gai soleil pour éveilleur et sonneur de matines aux fenêtres joyeuses, avec le gai soleil pour compagnon mûrisseur des espaliers à six étages! Vergers frutescents, tout rougeauds de fruits; plantureux terrages, chauds nourriciers des grainées opulentes; forêts qui font l'horizon vert, et le garde-manger encombré; rivières échappées à travers les peupliers, pour le babil des battoirs, et le tic-tac du moulin; chenevières mettant fine toile au corps; prairies d'émeraude, donnant bon beurre, bon fromage, et bonne viande : toutes gaudisseries de la gueule et des yeux, cherchées et trouvées en ces châteaux bénis! — « Bien de moines! » à tous charmants coins de nature; « Bien de moines! » à tous riches terroirs, c'est le refrain populaire; aux prés de feutre : « Bien de moines! » aux guérets serrés : « Bien de moines! » aux étangs grands comme des lacs : « Bien de moines! » aux saulées bruissantes : « Bien de moines! » « Bien de moines! » dira toujours le plus vieux du village. « Bien de moines! » ont dit les acheteurs des biens nationaux. « Bien de moines! » se disent les fermiers de leurs héritiers.

Quel rêve entrevu, la première fois qu'ils entrèrent au pays de Rumilly! C'était splendide jour de printemps, ou clair temps d'automne. Quelle ambition éveillée par toutes les promesses de la gente contrée! Et comme, leur quête finie, les moines la quittent pensifs, tout songeant à un retour. Donations à insérer au cartulaire, indulgences à donner aux peccadilles de ces temps héroïques et brutaux, ils ruminent la clef qui leur ouvrira le petit Éden. Et dès 1104, ce sont moines de Molesmes entrant à Rumilly de par Hugues de Champagne. Hugues a retiré de son doigt son anneau. Il a juré sur les Évangiles, devant Pascal de Rome, Rithal, évêque d'Albe, légat du pape, Milon de Bar, l'acte de donation du village de Rumilly; et vite de Molesmes, pays raboteux, abrupte, tempétueux, pays de grand vent et de montées où les mules se déferrent, — ils s'installent en cette patrie nouvelle à pentes molles, à promenades point essoufflantes aux bedaines béates. L'air y ventile, frais et doux, et la forêt pare la bise. Benoîtement, les bonnes gens s'arrondissent à la sourdine d'un arpent, de deux, de cinquante, envahissant, de ci, de là, tout le pays. Gauthier de Fresnoy leur accorde la moitié de ses dîmes. Un autre jour, c'est le village de

Saint-Parres qui leur est donné ; un autre, c'est le Bouchot ; un autre, c'est Nice ; un autre encore, Villeneuve-sur-Terrien ; un autre, le Long-du-Bois ; un autre, c'est le château de la Motte ; un autre, c'est une verrerie à souffler larges flacons pour enserrer la purée septembrale, et verres généreux pour porter les santés du souper. Pour des chemises, c'est Adèle de Rumilly qui leur accorde la dîme sur le chanvre. Ce ne sont, en ce temporel de Carabas, que milliers de boisseaux de blé et d'avoine ; les arpents de terre, de bois, de prés ne s'y comptent plus que par centaines. Sous le poids de la dix-septième gerbe, du vingt et unième du chanvre et de la navette, crèvent les granges. Vers les basses-cours trop étroites, on amène des quatre points cardinaux du lieu, en longues processions, oies, chapons, gélines. Trois moulins, pour l'abbaye, tournent sur l'Hozain. Et pendant que Jean Collet échaffaude entre les peupliers la tour blanche de son église, cinq petites tourelles élancent dans le ciel leurs pointes d'ardoises pour l'abri et l'habitation d'honneur du seigneur abbé. Et de tant de jouissances charnelles, conquises en si peu de temps, le cantique de reconnaissance se lit aux murs tout égayés de paganisme. Sous les figures emmédaillonnées dans les grandes cheminées, c'est la devise : *Jupiter Custos*. Sur les chapiteaux des colonnes qui soutiennent le promenoir d'été, des enfants à cheval sur des cygnes font cabrer leurs montures, et les Amours, à ailes rognées, qui jouent du *psalterion*, semblent chanter, en leurs musiques inentendues, le *Credo* mythologique du XVIe siècle; même au-dessus de la porte, passage particulier de l'abbé, le tailleur de pierre jette, dans les lambrequins, la tête échevelée d'Ariane.

Mais tout cela était hier, et je veux conter aujourd'hui. Débouchez un jour de mai par l'ancienne route de Paris : la plaine qui entoure Rumilly vous apparaît immense et plate, toute couverte de blés verts, où la houle jette en courant ses moires blanches. Plus loin, une ligne qui serpente, d'oseraies et de peupliers. Quelques tuiles de toits percent de rouge les feuillages. Puis les cinq tourelles bleuâtres du château, la tour blanche de l'église. Là-dessus, le coteau monte, couvert d'abres fruitiers fleuris. Le soleil joue dans la neige mate des fleurs, y posant par places des brillants, comme dans de l'argent bruni. Au haut du coteau, un panache d'un vert sourd qui fait ressauter les verdures aériennes des premiers plans. — Sur le chemin vicinal qui va du village à la route, il marche un androgyne de six pieds de haut, entoilé d'un coutil gris qui dessine d'amples gigots aux bras. A chaque enjambée sous la blouse longue se cache et se laisse voir, pudibonde et modeste, la broderie anglaise d'un pantalon de petite fille. Des souliers de prunelle chiffonnent leurs rubans de soie noire autour d'une cheville en paturon. Le vieillard s'avance, herculéen, dans un balancement craintif et sautillant. Il a sur la tête nue une perruque qui semble une touffe de mousse desséchée, à cheval sur deux immenses oreilles couleur de vieille préparation de cire. Au front, un nez gigantesque commence ; un nez non pareil auquel on dirait que courent toutes les lignes du menton et des joues comme si elles s'efforçaient d'amarrer au visage cet insolite morceau de chair prêt à fuir. Ainsi nasalement pourvu, la tête du vieillard a l'air de ces hydrocéphales de buis qui servent d'enseignes drôlatiques aux marchands de parapluies. Il tient en main une ombrelle ouverte. L'ombrelle de soie met au chef de l'homme des reflets roses.

Il s'avance relevant sa jupe pour la moindre rigole. Il remonte ses gigots, tout en scrutant d'un œil de maître les champs, les gens, les mares et les canards. Il s'arrête tout au bord de la route. Il jette un regard du côté de Paris. Il revient. Il trottine, faisant des coquetteries de démarche, et se retournant. Il s'ajuste. Il se trousse, se détrousse et se retrousse.

Cet homme est le seigneur suzerain de cette ancienne terre de moinerie. Cet homme commande au pouvoir spirituel. Cet homme règle les obligations du maître d'école envers la commune. Cet homme donne le mot d'ordre à cette police qui est le garde champêtre. Cet homme requiert cette force civile qui est la garde nationale. Quand cet homme rentre de son invariable promenade, les intérêts locaux, et les contestations, et les demandes, et les placets sont à sa porte, bonnet bas, révérences prêtes. Cet homme est le maire de Rumilly.

— « Azélie — a-t-il dit — donnez-moi mon ouvrage. »

Il a tiré une longue broderie. Il a mis son dé, il a enfilé son aiguille. Il a ses yeux de vingt ans. Il ne met pas de lunettes. Il brode au feston la longue bande. — C'est le baldaquin qu'il destine à son lit.

Celui-ci entre, et celui-là. Ils s'asseyent. M. Jousseau poursuit son feston. Ses doigts agiles vont et viennent. Il a croisé une de ses jambes par-dessus l'autre, et il travaille. L'un dit que les oisonneaux de Mathieu trouent sa haie; l'autre qu'il faudrait un nouvel instituteur, que celui qu'on a se grise, et que les enfants n'y apprennent rien, et qu'il n'est jamais levé pour sonner l'*Angelus;* un autre qu'il faudrait voir le préfet pour le procès des grands bois que la commune a avec l'État. M. Jousseau dit à l'un : « Vraiment? — à l'autre : « Possible! » Il brode toujours. Il ajoute : « J'irai à Paris, le mois prochain, » — et il répète : « J'irai à Paris. »

De la cuisine, une voix aigre s'échappe : — « A Paris? y pensez-vous, Monsieur? J'ai cent cinquante dindons à élever cette année! —

Vous allez, comme ça me laisser seule? »

Après souper, — quand c'est l'hiver, — Azélie a mis de l'huile dans son *bureton*. M. Jousseau le prend à la main. Azélie marche avec ses sabots dans la nuit noire. Elle porte un rouet, et une quenouille chargée. M. Jousseau marche après Azélie, se garant des pierres et du ruisseau de fumier de la ferme. Les voilà arrivés, lui et elle, à la veillée des femmes : tous les rouets sont en jeu. Quand les commères le voient : — « M. Jousseau, mon dernier a une foulure. » — « Il faut une omelette aux cloportes, — dit M. Jousseau, — je vous ferai l'ordonnance. » Il s'arrange à son rouet. — « M. Jousseau, mon homme a son rhumatisme. » — « Bonne femme, c'est qu'il ne porte plus les trois marrons que je lui ai dit de porter dans la poche de son pantalon. » — M. Jousseau a mis son rouet en train. Il ordonne encore d'autres remèdes, et sous son pied géant chaussé de prunelle, son rouet en fièvre tournoie et ronronne dans la grange, plus strident que tous les autres.

Méprise du créateur que cette cervelle femelle logée dans cette caricature de mâle? Cervelle coulée au moule des gynécées, engouée de chiffons, manœuvrant toute la machine solide de ce corps ridicule aux petits travaux des Arachnés ! Homme-femme ayant ambition depuis trente ans d'aller à Paris pour caresser de l'œil les belles robes et les beaux bonnets, et les petits brodequins ! — Et les paysans lui pardonnent à ce maire enjuponné, fiers de vous montrer l'écriture calligraphiée de ses grotesques ordonnances médicales.

La veillée est finie. Il est rentré chez lui. Il est dans son lit, M. Jousseau. Il a la tête sur son oreiller ; sa chandelle est sur sa table de nuit. Ses volets sont bien fermés, les rideaux de sa fenêtre tirés. Il est couché sur le dos ; il tripote dans ses longs et grands doigts noueux quelque chose, et le retourne et le façonne comme une mère habille son enfant. Il a un petit carton près de lui, où il puise et remet tantôt un chiffon, et tantôt un autre. Ces chiffons ressemblent à de petits vêtements : voilà un petit béguin et voilà une petite jupe. Il travaille avec tout cela dans la ruelle contre le mur. C'est long ce qu'il fait ; il s'impatiente ; il prend une épingle sur la table de nuit ;

il se pique. Il bougonne sourdement. Cela avance. Il sifflote un petit air. Il lui faut maintenant ses deux mains; il met l'épingle entre ses dents. Là! voilà qui est fini. Il fait sauter cela sur son séant, regarde et donne encore un coup de main ici et là : c'est sa poupée qu'il vient d'habiller. La chandelle tantôt ramasse sa flamme au-dessus de son champignon qui charbonne, tantôt la lance bien haut par-dessus; et au mur, le petit paquet de chiffons que branle le vieillard remue. Au mur, aussi, l'énorme nez du vieillard se projette, mettant une grande ombre bien noire qui marche et rétrograde selon que la chandelle flambe ou se reploie. Au mur, ce nez énorme se profile net; et d'une ligne cernée, la silhouette étrange tremblotte, toujours à sa même place, grandissante, puis immobile; tandis que promenée et ballante sur les plis des draps, la poupée estompe plus bas l'ombre allongée de ses oripeaux qui dansent...

Le dimanche gras, il arrive à Rumilly une grande caisse de Paris pour M. Jousseau. — M. Jousseau s'enferme avec sa caisse; même Azélie ne sait ce qu'il fait enfermé.

A midi, le mardi gras, M. Jousseau sort dans son cabriolet d'osier.

Quand M. Jousseau passe en son cabriolet d'osier devant le portail de l'église, le saint Martin sous son dais festonné ajusté aux meneaux lève son petit bras de pierre et met sa main devant ses yeux, en auvent, pour mieux voir. Les figurines qui vivent à chaque jambage perchées sur une colonne torse, dans un habitacle clochetonné, se penchent et se dressent sur la pointe du pied et s'avancent. L'ange à droite qui porte un beau lis à la main s'oublie, curieux, et grimpé jusqu'au haut des accolades, s'accoude sur les armes de France, laissant ses voisins en mauvaise position et mal en point pour voir. Petit à petit les saints s'essayent tous à déranger de la tête les gouttes de glace, réunies en grappes, qui pendent à leurs petites couronnes sculptées. Le soleil, jusque-là endormi dans son lit de nuages gris, s'éveille et met une mouche d'or au bout du nez de la Vierge qui fait vis-à-vis à l'ange de l'Annonciation, les yeux baissés. Voilà que la jolie Vierge lève elle aussi, pour regarder, ses paupières de pierre toute noircies des larmes de la pluie d'hiver. La grande rose à six feuilles en cœur resplendit comme une prunelle de cyclope dilatée; et les monstres des gouttières, et les apôtres qui demeurent contre les contre-forts sont tout éjouis et remuants d'aise d'avoir les plus hautes et les meilleures places, tant elle est curieuse, unique et merveilleuse, la chose à voir! Même comme les portes sont ouvertes, du fond de l'église, les personnages du retable, les soldats juifs et les saintes femmes tâchent de jeter l'œil par-dessus les chandeliers d'argent de l'autel, et les deux larrons quasi-morts retrouvent un regard pour ce spectacle étrange : — M. Jousseau, M. le maire, dans son cabriolet d'osier, défile devant l'église costumé en odalisque!

Le curé qui a lu la chronique du pays, disait sur le pas du presbytère : « O Jean Collet, vous qui élevâtes notre église de Rumilly, si belle qu'un monsieur de Paris est venu la dessiner l'autre année, et que le préfet l'a regardée l'autre jour! Vous qui l'élevâtes, pieux Jean Collet, chanoine et official de Troyes, par trente-quatre ans de quêtes patientes au travers des contrées chrétiennes, architecte de charité! ne serait-ce pas votre méchant petit frère Claude, — Claude qui, pendant que vous faisiez, armé de votre aumônière, croisade pour conquérir cette belle maison de Dieu, crayonnait sur tous les murs un grand enfer, écrivant au-dessous, le mécréant!

> En ce palud et horrible manoir
> N'est cordelier, ni moine blanc ou noir
> On s'en estonne, et le peintre respond :
> S'il y en a, mais on ne peut les voir.
> Parce qu'ils sont mussez au plus profond.

« Claude, ce poëte d'Hérodiades, qui donnait à lire aux beaux amidonnés de son temps, l'*Oraison de Mars aux dames de la cour;* — ne serait-ce pas, ô pieux Jean Collet, votre méchant malin de frère qui revient un instant de l'*Ile des Hermaphrodites* en guenon habillée, pour distraire et mettre en émeute les saints, les saintes, la Vierge et les anges et les éveiller de leur rêve de paradis et faire les cornes à votre pauvre âme trépassée, dites, ô Jean Collet? »

MARIUS CLAVETON

Honorable monsieur, je suis à la porte de votre habitation. Depuis que j'ai eu l'honneur de vous voir, j'ai acheté des vêtements, afin de pouvoir me présenter là où j'ai affaire. Je suis mieux vêtu, mais mon pauvre nez souffre bien. Je me recommande à votre bon cœur.
Marius Claveton.

Mon pauvre nez! mon pauvre nez!
L'honorable monsieur fit entrer le visiteur, et lui donna de quoi acheter du tabac.

Marius Claveton est méridional, mais, à cela près qu'il jure par *pécaïre*, il n'est pas de son pays : il est modeste, il est discret, il est taciturne. Il sait l'étiquette entre gens qui n'ont rien et gens qui ont un peu plus. Invitez-le à déjeuner, il acceptera, mais de cet air honteux que devait avoir, je ne me rappelle plus, quel auteur du XVIII° siècle, qui répondait quand un seigneur l'invitait : Vous êtes bien poli, monsieur, j'ai dîné hier. Des quatre ou cinq personnes qui l'obligent, il accepte la piécette, mais un peu rouge, et croyant d'ailleurs fermement qu'il ne fait qu'emprunter. Il attend de confiance le payement d'un billet idéal le lundi, et le mardi, dès qu'il l'aura escompté, il viendra mettre à votre disposition *et sa bourse et ses services.* — Deux points de feu dans les yeux. — Marius Claveton est un petit homme, les cheveux très-noirs, le visage impitoyablement vrillé de petite vérole, de grosses lèvres rouges sensuelles et épanouies, le nez au vent.

Defauconpret a beaucoup traduit; il a traduit quatre cent vingt-deux volumes. Marius Claveton a peut-être traduit encore plus de volumes que Defauconpret, car Marius n'a « ne cens, ne rente, ne avoir », comme ce bon larron de

Villon. Marius vit à traduire de l'anglais.

Quand Marius a six sous, et de plus de quoi acheter des plumes et du papier, il va dans un certain cabinet de lecture qui possède bon nombre de livres anglais. Il s'attable, et, comme il a l'intelligence preste, la main vive et l'écriture expéditive, il écrit couramment sa traduction, fatiguant le plus de bouts d'ailes, emplissant le plus de papier qu'il peut.

A quatre heures, il se lève, essuie ses plumes, et va proposer, de petits journaux en petits journaux, sa main de papier noircie. Une quarantaine de sous est le salaire ordinaire. Marius achète du tabac, dîne avec une friture dans un cornet de papier, et se couche et s'endort pour recommencer le lendemain.

Un soir un de ses protecteurs qui le savait confiné au lit, faute de pantalon, vint lui rendre visite. Marius logeait rue Saint-Jacques, à l'hôtel de Grèce, — en son hôtel de Grèce, comme il avait l'habitude de dire. — Le protecteur monte l'escalier, il frappe. — Qui est là? crie Marius. — C'est moi. — Honorable monsieur! honorable monsieur! — L'honorable monsieur entendit des allées et venues dans la chambre; puis ce fut comme un frôlement de linge. Marius passait une chemise. Il ouvrit. L'honorable monsieur faillit être renversé : la chambre de Marius empestait le suif et l'humanité. Marius n'avait que sa chemise. Le monsieur prit son cœur à deux mains et fit un pas en avant. Dans la chambre, il y avait une chaise et un lit, et sur la chaise une chandelle cannelée de coulures avec un pied-de-nez. Le lit n'avait pas de draps. — Honorable monsieur, asseyez-vous. — Marius, — le Méridional, se retrouvait ici, — se croyait assez de chaises pour faire asseoir quelqu'un. — Merci, je m'en vais, dit l'honorable monsieur en tendant un paquet de hardes à Marius. Voici pour vous; j'ai une dame qui m'attend en bas. — Eh bien, faites monter cette dame ! dit héroïquement Marius.

Le costume de Marius est d'ordinaire composé d'aumônes partielles que lui font quelques artistes de sa connaissance. On se cotise, on apporte, qui un gilet, qui une redingote, qui un pantalon, ce qui vous permet de deviner que le costume de Marius est d'un style éminemment

composite; les charités qu'on lui fait étant de
tous ordres et les habits qu'on lui donne étant
de toutes dates. Mais cela ne fait guère à Marius;
il marche dans tous ces morceaux de drap colligés, comme Diogène dans son haillon, et ne
s'aperçoit des trous que quand ils sont grands.

Et savez-vous, mesdames, ce que ce déguenillé traduit, et quelle est sa veine et sa spécialité d'interprétation à ce costumé d'aumônes? il
traduit, le plus souvent, les parfumeries, la parfumerie de Windsor et la parfumerie de Smyrne,
les senteurs d'Énis-el-Djelis et les vinaigres de
lady! il traduit les articles sur les strigilles, les
gauzapes, les *alipili* et les *elacothesii*. Il se plaît
aux toilettes d'exquise élégance; il entre en tous
les détails des soins internes, en toutes les parures du corps! Il traduit tous vos auxiliaires,
mesdames; les sachets, les savons, les potspourris, les préparations balsamiques, les bains
de Vénus, les eaux de Jouvence, les laits de
beauté! Il dit chaque ωσμη du gynécée; il dit,
d'après les Guerlains inédits de la Grande-Bretagne, le castoréum, le crocus, la marjolaine, le
storax; il dit les stagonies d'encens et les roses

de Tunis, et d'Égypte, et de Campanie, et que nous devons à Néron l'art de s'oindre la plante des pieds! Il conte toutes les ressources de l'Orient, Éden des parfums, le musc, l'ambre, la civette, le jasmin, le nard, le macis, le girofle, le bétel et le ginseng! Il traduit toutes les joies de l'épiderme, le massage, et les essences et les aromes! Il traduit, mesdames, — ce Marius sale et pouilleux, et qui pue, — il traduit pour vous toutes les recettes de Calcutta et de Téhéran, tous les secrets de l'hygiène de la beauté! Il plonge sa plume en toutes les extases de l'odorat. Pour vous, mesdames, il fait passer d'anglais en français tout ce qui assouplit l'épiderme, tout ce qui veloute la peau, tout ce qui fait la femme savoureuse, et en bon point pour les désirs!

Marius trouve le Luxembourg à sa porte, les habits des autres à sa taille, *il n'est rien d'égal au tabac* de Sganarelle à son goût, la misère qu'il mène à sa guise.

Je ne connais qu'un malheur et qu'une douleur arrivés à Marius.

Marius, — il paraît que, cette après-midi là, le journal où il s'était présenté manquait de copie, — Marius revenait avec huit francs dans sa poche. Huit francs! Pécaïre! Huit francs! une fortune! Huit francs!!! Si Marius eût dû jamais connaître l'orgueil, il l'eût fait ce soir-là. Il était tard! Marius trouva la friturière où il dînait fermée. Marius remonta gaiement la rue Saint-Jacques. Il arriva ainsi chez Tonnelier. Il dîna, il but du vin. Marius d'ordinaire ne buvait que de l'eau. Le lendemain, aux premières fraîcheurs du matin, Marius se retrouva dans un terrain vague, près de la barrière du Maine, le corps meurtri, la tête troublée, avec ses bottes aux pieds et sa chemise au dos, — rien de plus. Marius avait l'inexpérience du vin. Il s'était grisé; on l'avait battu, on l'avait volé, et là-dessus il s'était endormi. Marius reprit le chemin de son chez lui, donnant à regarder aux laitières sans le savoir, essayant de voir clair dans son histoire et ne s'y reconnaissant pas trop, la langue épaisse, les jambes molles. Il n'était pas encore assez dégagé pour comprendre ses infortunes et son peu de costume. La portière de l'hôtel de Grèce, en l'apercevant, partit d'un éclat de rire. Le pauvre Marius ouvrit les yeux; il vit que les voleurs lui avaient fendu sa chemise par devant, — du haut en bas. Ce n'était plus qu'une redingote. Marius se vit comme il était; il vit la portière rire, — il se mit à pleurer comme un enfant.

LOUIS ROGUET

Et ce sont, dès l'enfance comme dans l'histoire de tous les sculpteurs, des tentatives, des essais. Les angles des pupitres du collége d'Orléans se découpent en silhouettes caricaturales; la neige, la terre, la cire, tout vient prendre forme sous les doigts du jeune modeleur. L'attention s'éveille autour de ses débuts. Vient l'époque des études sérieuses, des études du matin au soir, des expériences, des tâtonnements, des luttes, des premiers travaux, des premiers encouragements. Le rayonnement n'est pas considérable. Mais le portrait de l'assassin Abraham Serain derrière les barreaux de sa prison, un groupe représentant *un Fils recevant les derniers soupirs de sa mère,* éveillent la curiosité. Les charges de quelques notables, inspirées de l'humour de Dantan, font le jeune homme redoutable dans une ville de province : c'est le succès.

Mais Rogue ne s'abuse pas ; il sait tout le premier la faiblesse de ces commencements. Il a soif de Paris, de Paris où l'étude a des comparaisons, des modèles; de Paris où le travail rend tout ce qu'on lui donne. Il veut un public. Il sait que là de vrais jugeurs font justice des grands hommes de province et des génies de sous-préfecture ; il sait que c'est un crible immense qui sépare le bon grain de l'ivraie ; il le sait, et il part. Il descend à l'atelier de Drolling, et attaque la glaise avec fureur, n'interrompant l'académie que pour courir à l'amphithéâtre, et puisant dans sa constitution herculéenne la force de recommencer tous les jours. Voici les bustes de Boursy, Jules Saladin, Béhic, Paillet, Chopin, Buchon, David, Baroche, de Larochejaquelein, les uns originaux, les autres copiés, mais des copies redoutables aux maîtres; voici les figurines de madame Paillet, de mademoiselle Méquillet dans le rôle de Valentine des *Huguenots*, d'Audran dans *Ne touchez pas à la Reine*; voici trois médailles obtenues en 1844, 1845, 1847. De ses esquisses perdues, nous nous rappelons une étude de la Nuit, la tête penchée en arrière, effleurant d'un pied le globe terrestre, laissant tomber de ses bras relevés une draperie toute constellée d'étoiles. La draperie voletait jusqu'aux pieds, nuageuse et perdue, dessinant ce beau corps, le caressant avec des ondulations de vagues.

Mais ce fut un jour de rêverie que Roguet jeta sur la glaise cette sœur de la *Mélancolia*, un jour qui n'eut guère de lendemains. Là n'était point sa veine. Ce qu'il fallait à Roguet, c'étaient les larges musculatures, les formes plébéiennes de la matrone romaine, les enfants charnus à la Jules Romain, les mêlées aux lignes impétueuses, les pantomimes héroïques, les fougues d'une pensée matérialiste, un combat, une victoire à couler dans le bronze, à décorer un arc triomphal; ce qu'il lui fallait, c'étaient les contours terribles. Michel-Ange allait à lui.

L'homme se traduisait dans ses œuvres. Doué d'une vigueur d'athlète, prenant plaisir aux tours de force, et l'emportant sur tous; faisant de son atelier une sorte de *palestre;* exerçant ses membres pour retrouver chez lui les lignes qu'il aimait en ses modèles; jetant un jour un municipal et son cheval à terre; vivant d'après les anciens préceptes du gymnase; buvant de l'eau, se privant de Vénus; c'était un des derniers fanatiques de la force, et de l'image de la force. Il vous prenait une admiration et un étonnement à regarder cette tête qui rappelait le masque du Jupiter Olympien, ces yeux de lion, ces sourcils épais, ce front et ce nez droits, ce menton court, ce front haut et large, ces cheveux tombant du sommet de la tête comme une crinière blonde.

Caractère d'une âpreté dominante, nature batailleuse, se cabrant pour un rien, il voulait tout autour de lui des amitiés souples et maniables qui ne lui fissent pas ombrage. Violent comme une énergie qui a conscience d'elle-même, il adorait sa mère; mais, dans son adoration, n'entrait-il pas un peu de reconnaissance pour l'affection soumise et comme obéissante que lui portait l'excellente femme? — Ame valeureuse faite pour la lutte et pour les chocs, taillée à grands coups; une âme du XVIe siècle dépaysée dans le nôtre. Mais dévoué garçon, mais tout débordant de franchise, mais loyal, loyal à ce point qu'il ne douta jamais de la loyauté de personne, et qu'un jour, il lui arriva sur le terrain, de dire à un adversaire de première force : « Monsieur, je n'ai jamais touché une arme. Je vous demande un an pour vous rendre raison. »

En 1848, l'élève de Duret concourut pour le prix de Rome, et obtint le second grand prix.

Puis on mit la statue de la République au concours. Roguet vêtit son esquisse du drapeau tricolore, la hampe du drapeau appuyée contre le sein gauche, une épée à la main, un pied sur un pavé. Cette République, emportée comme la Liberté de Delacroix, mais toute magnifique de sérénité en sa fièvre, — le meilleur, sans contredit de tous les envois, — fut jugée digne d'être exécutée en grand modèle et coulée en bronze.

Mais déjà une toux sèche le fatiguait. Le cheval qu'il avait jeté à terre lui avait un moment reculé sur la poitrine, et depuis ce moment il éprouvait des malaises; puis ce furent des douleurs. On lui conseilla le repos; mais il se souciait bien de cela vraiment! — Il entre en loge tout enfiévré, et malade à ce point qu'il est obligé de demander un matelas pour se jeter dessus à l'heure de ses redoublements de fièvre. Le vingt-deuxième jour, l'ébauchoir lui tombe des mains, et son bas-relief reste inachevé. Le jury des beaux-arts est appelé à juger le bas-relief inachevé : Teucer blessé par Hector et défendu par Ajax. Il juge « à la majorité de vingt-trois voix sur vingt-cinq, la composition de Louis Roguet digne du premier grand prix, et décide qu'après avoir reçu, en séance solennelle, la médaille d'or, il sera envoyé à Rome aux frais du gouvernement. »

Après un court séjour à Hyères, il arriva à Rome, où ses rêves l'avaient fait entrer autrefois plein de vie et de santé. Là eut lieu cette lutte de l'homme qui se sent mourir et qui compte ce qui lui reste à vivre. Les projets s'accumulent dans sa tête, et sa main est impuissante. Il se couche, il se relève; il prend la fièvre pour de la force, il va de son lit à la statue, de la statue à son lit; maudissant les survivants qui ont le temps avec eux, pleurant sur la douleur de sa mère, voulant revenir et ne pouvant pas. Ce fut entre lui et l'agonie une lutte atroce; lui qui à chaque minute sentait l'avenir qui s'en allait, lui dont la robuste charpente s'indignait d'être ainsi tâtonnée par la mort, la mort, qui avait envie de ce jeune corps et de ce riche cerveau, envie de tout ce qu'ils promettaient.

Arrivé à l'heure de mourir, il voulut partir. Ses amis le portèrent pour descendre l'escalier. On raconte qu'à la dernière marche de la villa Médicis, il râla dans une convulsion de désespoir : « S.... ... .! ces crétins de l'Institut qui ont des soixante ans dans le ventre! »

Roguet avait vingt-six ans.

UN AQUA-FORTISTE

I

..... Dans ce café du boulevard, un jeune homme était attablé devant moi. Son chapeau de feutre, abaissé sur ses yeux, le drap sans reflet de son habit, buvaient et flétrissaient la lumière rousse, terne, morne et morte sur tout cet homme comme sur un vieux crêpe. Il avait, posés, ses deux mains sur les marges de *la Patrie*, et ses deux yeux, qui ne lisaient pas, au beau milieu du journal.

La demoiselle de comptoir comptait les petites cuillers. Un garçon couvrait le billard; un autre apportait un matelas roulé sur sa tête. Minuit avait éteint le gaz. L'or des plafonds et des murs, les éclairs des glaces, les paillettes des verres, tout cela avait été soigneusement serré dans les ténèbres. Une bougie veillait la nuit.

Un garçon prit racine devant la table du jeune homme.

— Ah! oui! — dit le jeune homme, qui finit par l'apercevoir; et il mit la main dans la poche de son gilet, se fouilla à droite et à gauche, puis en haut, puis en bas... La figure de marbre du garçon eut un courroucement olympien. Il se rejeta en arrière, fit volter sa serviette de sa manche droite sous son aisselle gauche avec un mouvement digne, éclaircit sa voix par un : Hum! hum!...A ce moment : — prenez les deux consommations, — dis-je, en jetant une pièce d'argent sur la table de marbre.

Nous sortîmes. — Voilà une belle nuit, Monsieur! — fait mon homme. Nous marchions. — Une bien belle nuit! — Et il allait, promenant ses yeux dans l'ombre. — Ah! pardon, je suis distrait : vous ai-je demandé votre adresse? — Je lui donne ma carte. — Monsieur, ils sont trois, à l'heure qu'il est, sur la place du Carrousel : un homme, une grosse lorgnette et la lune. L'homme attend, la lorgnette regarde, la lune... Ah! voilà un sergent de ville... deux... quatre sergents de ville. Monsieur, à l'honneur de vous revoir.

Le lendemain, mon portier me remettait quatre gros sous enveloppés dans un morceau de gravure déchirée.

II

Je le retrouvai, et voici comme.

Domangeot avait un oncle sans un enfant et sans un sou. Un chemin de fer avait tué l'oncle à Domangeot. Domangeot avait recueilli de son oncle — des dommages intérêts. Dans une petite chambre de la rue de l'Ancienne-Comédie, c'était une chambrée complète de buveurs en manche de chemises ; et, par la fenêtre, penché un verre à la main, comme le Bacchus rouge d'un cabaret, Domangeot invitait les amis qui passaient dans la rue, et les amis des amis, et même les amis des autres. Je passais ; mon nom tomba de là-haut; je montai. On me donna une chaise et un verre de champagne dont le pied était cassé. Mon homme était là, pâle parmi les faces de pourpre. Cependant il buvait, il buvait comme un remords.

Les cœurs trinquaient.

— A Emma! — A Clorinde! — A Juliette!

— A l'almanach!

Je demande à droite :

— Qui est-ce, ce monsieur qui ne dit rien?

— C'est mon ami!... Connais pas!

Je me retournai à gauche :

— Celui-là... sans faux-col?... Attends... un graveur... Ah! je ne sais plus!

Paroles, voix, cris, cliquetis de verres et de noms, le vin couronné de souvenirs, — il semblait que ce fût toutes les amours du quartier Latin portées en triomphe par les toasts grisés, se disputant la cendre des souvenirs morts et des jours envolés!

— A Berthe! qui avait un bouvreuil dans le gosier, des grains de beauté partout...

— A une blonde!

— A cette bonne Fanchette! qui marchandait à la boutique à un sou!

— A Annette! qui dansait à l'ombre de sa jambe droite!

— A Tape-à-l'Œil!

— A Rose! une oie!... bête comme un homme, menteuse comme une affiche, triste comme un poêle, grêlée... et mauvaise comme une guenon qu'on oublie de battre! A Rose, que j'ai aimée!

— A des yeux! — et le verre du buveur taciturne monta soudain sur tous les verres entrechoqués, — à des yeux! — Quand ils me regardent ces yeux..... Nom de D..., qu'est-ce qui me soutient ici que ces yeux ne sont pas deux rayons de la Lune... Ah! c'est vrai, vous autres, vous n'avez pas lu Marbodée, vous ne savez pas qu'il y a des saphirs et des yeux de femmes qui se font sous certaines influences sidérales. Tout ce que je sais moi, c'est que ces yeux chassent d'autour de moi le noir de la nuit et les chauves-souris qui me boivent à petites gouttes le sang... Quand ces yeux me regardent, c'est bien étrange, allez messieurs, mais c'est comme je vous le dis, Rembrandt me prenant par la main me fait entrer dans le clair-obscur d'une de ses planches, — et il répéta quatre ou cinq fois en riant bêtement — oui dans le clair-obscur, oui dans son divin clair-obscur.

Alors se penchant sur la table, il tomba ivre-mort. Puis il eut une terrible attaque de nerfs. La nappe, vidée sur l'escalier, fut soulevée aux quatre coins, l'homme mis dedans et échoué sur un lit. Quand deux livres de glace lui eurent été fondues sur la tête, il faisait pleine nuit. Je me proposai pour le reconduire.

III

Le grand air remit mon compagnon. Les soufflets d'un petit vent d'automne lui ramenèrent le sang aux joues. — Ah! Monsieur, — me dit-il, — que de pardons pour aujourd'hui et pour l'autre soir! Je suis graveur, Monsieur; un triste état, comme vous voyez : des taches, des trous, un habit qu'on dirait d'amadou sur lequel on a battu le briquet. Les marchands... ah! les marchands! il faut mendier quinze francs d'une planche!... On a de mauvaises hontes, et je n'ai osé aller vous remercier, fait comme un pauvre... Ce soir, — je bois comme un enfant; — et puis il me fallait boire; j'ai comme cela, là et là, au cœur et au front, des visions, des fumées, des nuages, des images qui passent... Mais cela va bien maintenant, très-bien : il y a longtemps que je n'ai eu la tête si légère. Pardon encore, et merci de votre bras... Retournez-vous donc, Monsieur! La nuit! voilà la reine des eaux-fortes! Cela fait du noir où il y a des choses. Avez-vous remarqué comme les fleuves sont grands la nuit? Paris qui dort, les pieds dans l'eau, c'est beau, beau, bien beau! Un flot d'ombre éclaboussé de gaz! L'eau, — une huile, du bleu, du noir, du violet, de l'or! du neutre — la teinte moiré de feu; un miroir qui pêle-mêle roule les ténèbres et les éclairs! — Le ciel est pâle, ce soir. — Près du pont, le remous, voyez donc! de l'argent bleu!... mille lucioles... cela grouille... et la berge aux grandes pierres blanches qui entre dans le trou noir de l'arche comme un mitron se glissant dans un four éteint... Ces réverbères, dans l'eau tout là-bas, — des crucifix de feu; là, devant nous, comme des pans de fenêtres d'où les flammes des lustres filtrent à travers des rideaux de bal... Non, cela tourne : des colonnes torses qui remuent de la braise dans l'inconnu mort de l'eau; non, cela n'est pas cela, c'est autre chose... Est-ce bête, les phrases!... Toutes ces masses, un gribouillis d'encre avec des gris blafards comme il y en a sur les ailes des chauves-souris. Monsieur, les critiques nous ont gâtés, et vous voyez bien que c'est une grande sottise de broyer des idées sur la palette : les feux d'artifice ne pensent à rien. — Vous avez un peintre qui a pris la nuit en flagrant délit ; il se nomme... J'ai perdu son nom... Mais n'avoir qu'une aiguille emmanchée pour peindre ! Ah ! Ah ! Nous voilà en face la rue de Jérusalem... Quelque jour — il faut que je me presse, car les maçons... je sauverai ce motif-là. Ces deux grosses boules qui trempent, croiriez-vous que ce sont les deux arbres sans feuilles au bas du quai? une fière estompe, à ces heures-ci, dans le dessin de toutes choses!... La tourelle, oui, avec ces deux fonds d'ombre à droite et à gauche, la petite flèche de la

Sainte-Chapelle, — voilà! Et là-dessous, penchez-vous, il faudra que j'agrandisse et que j'allonge, à la façon de l'eau morne, la face des maisons éteintes, comme les perspectives de maladreries blêmes. Ça? des fenêtres de blanchisseuses; on dirait des yeux éclairés de vert de gris... Toujours Notre-Dame! avec comme des marches dans le haut; un escalier vers l'infini, cassé à moitié du ciel... Ah! c'est drôle, l'arche du pont Saint-Michel et l'ombre portée : un cerceau tout noir où ainsi qu'un clown saute la lumière! — Regardez-bien : tout derrière une maison peinte en rouge, aux fenêtres de feu, et mille petites maisons blanches; devant, le quai, une maisons carrée, cinq trous dans le mur, un gros tuyau noir au milieu du toit, du gris, du sale au bas de la maison, — voilà tout ce que c'est que la Morgue! Il n'y a pas à en dire plus que la chose! C'est simple comme bonjour! — Cette grande chose sombre en bas, c'est un bateau, tout bonnement. Essayez donc de peindre la noyade là-dedans! Je sais cela d'expérience: il ne faut pas mettre sa tête dans sa main. Les choses ne prêchent, ni ne pleurent, ni ne rêvent, ni ne se souviennent. Les chefs-d'œuvre ne doivent pas parler ; il n'y a que quelques sots comme moi... Ah! des crêtes, des toits, des dômes de saphir : la lune s'est levée. Après tout il y a des gens qui la font très-bien avec un pain à cacheter... — Et l'Hôtel-Dieu, ce n'est qu'une caserne ! Une, deux, trois, quatre, cinq, six, sept, huit, neuf, dix, quinze... quarante-cinq... — je compte les fenêtres : une manie !... — sur cinq rangées, cela fait...

Quand il eut passé Notre-Dame, il s'assit sur le parapet. Nous regardions par derrière la basilique noire accroupie sur la ville bleue, avec ses deux tours levées sur l'orbe d'argent, comme un sphinx de basalte à deux énormes têtes.

IV

Nous eûmes, ce poète malade et moi, de belles soirées remplies de promenades, de spectacles, de paroles. Nous courions la ville la nuit. Nous regardions, sur le fleuve, la danse des rayons voilés. Nous nous enfoncions dans les faubourgs, dans les quartiers lointains, cherchant et surprenant un Paris mystérieux, lugubrement superbe et terriblement muet, théâtre vide et noir du peuple. Ou bien, mangeant quelques pommes de terre tirées de son petit jardin, et cuites dans son poêle — il était fier et ne voulait rien accepter, — nous causions. Il parlait singulièrement, merveilleusement, et comme je n'ai jamais entendu parler. Il sautait d'idées en idées, s'accrochant aux sommets, traînant votre bon sens après sa verve, pensant au delà des livres, mêlant son art et son âme, bousculant les mots, se précipitant aux vérités vierges; puis soudain se perdant, se brouillant, bataillant contre les nuées, blasphémant l'humanité, retombant à terre, balbutiant avec des craintes, des tons de voix baissés tout à coup, avec je ne sais quelle peur de je ne sais quelle chose. Puis des retours, et de nouvelles éloquences, et la femme toujours revenant au milieu de l'art et tout à coup à l'imprévu :

— Mon cher, la femme n'a pas de traits. Son visage est tout fait d'une clarté. Un rayonnement, vous le savez, n'a pas de lignes. Toute la figure de la femme n'est qu'une esquisse dont la lumière de la physionomie fait une peinture finie qui ne ressemble pas à l'esquisse. Il y a des femmes dont on n'a jamais vu le nez, parce qu'elles le cachent avec un regard. Vous savez bien que les photographies ne ressemblent pas. Mais, chut! on écoute.... la police... — Quand je serai marié, j'aurai des enfants. Ils n'apprendront rien... J'aurai des luttes avec la mère; mais j'ai mes idées... rien! L'alphabet, voilà le mal. Oh! avoir une cervelle qui ne regarde ni dans les tableaux, ni dans les livres ni dans le ciel! la cervelle, — l'ennemi! Non, ils n'iront pas à l'école apprendre des choses qui tuent le bonheur... Quand ils me diront: Qu'est-ce que ça, papa? Pourquoi ça, papa? — Je ne sais pas; je ne sais pas... Vivez... — Seulement il ne faut pas mécontenter les gendarmes, vous concevez? — Leur cervelle? ce que j'en ferai? Un instinct qui vous gare des roues d'omnibus, une machine qui vérifie la monnaie qu'on vous rend, un guide aux yeux crevés qui vous mène à la mort sans vous dire : Mais retournez-vous donc! — Paradoxe? Allez, dites le mot! Eh! bien, quoi? c'est un lieu commun qui n'est pas mûr? Mais l'Amérique est un paradoxe de Christophe Colomb ! Le paradoxe ! c'est la seconde vue de l'esprit, la veille qui devine le lendemain, un homme qui avance comme une montre !... Quand je serai marié — c'est bon de n'être pas seul, quand le soleil n'est pas là ; — je vous dis cela à vous, parce que vous êtes mon ami — elle me fera mon petit dîner. J'aime le bleu. Elle sera habillée en gaze bleue — imaginez une vapeur ! des vêtements comme il y en a dans les clairs de lune ! Et puis je la ferai poudrer. Elle a des cheveux noirs ; avec des yeux bleus, cela jurerait, tandis que poudrée... ce sera charmant, oui, charmant, ma parole d'honneur ! et sur ses cheveux poudrés — vous devinez bien ? — un beau disque d'argent. Seuls, tout à nous, les volets fermés, nous bouderons le soleil toute la journée ; le soir, nous irons, nous marcherons... Oh ! alors, je ferai des choses !... Il faudra bien qu'on parle de moi ; j'aurai des jaloux, des envieux... les critiques... mon talent... Bête que je suis ! je passerai tout mon temps à l'aimer ! — Après tout, qu'est-ce que ça me fait, la postérité, avec ces grandes lessives du monde par l'eau ou le feu, tous les vingt mille ans? Une immortalité de deux sous! — Et puis c'est une injustice. Si je suis aussi fort que Rembrandt, qui me rendra l'admiration qu'il touche depuis cent cinquante deux ans? Je suis volé. Je vous dis, c'est une injustice.

V

J'aperçus mon monsieur Thomas à côté d'un musicien, dans l'orchestre. Il dévorait du regard la petite Marie, qui jouait avec ses yeux bleus et ses cheveux noirs.

C'était d'Outreville qui m'avait entraîné aux Délassements-Comiques, pour voir ce qu'il appelait « sa petite machine », l'*Amour au Mont-de-piété*. — Quoique d'Outreville fût mon ami, sa pièce ne me parut pas plus stupide qu'à un autre.

— Eh bien! trouves-tu ça assez Beaumarchais, hein?

— Trop!

Il me serra la main. — Allons dans les coulisses!

—Dis donc, Marie, — fit d'Outreville en lui parlant tout haut à l'oreille, — et tes amours avec M. Thomas?

—Comment, vous qui êtes un bon enfant, vous allez vous ficher de ce pauvre *toqué* qui m'aime — et moi aussi! Eh bien! il m'a demandé ma main, n'a! Maman va le flanquer à la porte comme un balai. Il n'a pas le sou, que voulez-vous? Maman a vécu : elle sait la vie, n'est-ce pas?

VI

J'étais dans mon lit, ne dormant plus, pensant à peine, les yeux clos, tout le corps assoupi encore, l'esprit bercé, confit dans mes draps, tapi, enfoui, baigné des moiteurs de l'édredon, couvant et cuvant ma paresse, caressé d'un petit soleil que je sentais dans la chambre, avec, dans la tête, le plus gai bégayement d'idées; et, sans remuer, m'éveillant à petits coups, benoîtement, bâtissant des châteaux de cartes à tâtons, embrassant mes projets dans le nuage, indolent comme une aube, je m'amusais à rêver. Je rêvais que s'il m'arrivait de vendre un livre trois cent mille francs, je les dépenserais ainsi : dans l'entre-deux de mes deux fenêtres, à ces deux rubans plats surmontés d'un gros gland où pendaient les tableaux de l'hôtel Soubise, — les gravures m'ont montré cela, — je pends le dessin qui n'existe pas — du *Chat malade* de Watteau ; les joues de la gentille commère effarée, caressées et battues d'une rouge sanguine, et sa belle prunelle allumée de crayon noir, l'empressement grotesquement charbonné du docteur, et Minet qui si furieusement se défend de guérir, — je les vois. C'est bien. Au dessous du chat malade, voici installé ce secrétaire signé Riesener au pied gauche du meuble, qui était à vendre 30,000 francs, je ne sais plus où. Sur le secrétaire, il trône, ébouriffé, vieux de trois siècles, beau comme un cauchemar, un chien de Fô d'ancien bleu céleste, la crinière violette, la gueule en tirelire, roulant sous ses sourcils deux boules furibondes, la queue en une énorme flamme, — ce monstre chinois qui m'a fait une si mémorable grimace au coin d'une rue d'Anvers. De chaque côté, c'est fort simple, les deux grands pots de blanc de Saint-Cloud, à lourdes et riches fleurs à la Pillement, boîtes à thé où la Régence puisait le thé noir avec la petite spatule, et le thé vert avec la petite cuiller de chine à tête de coq : — ils me sourient d'ici, chez Lambert Roy, au fond de leur caisse aux armes de Philippe d'Orléans. La tablette du secrétaire est large : quoi encore ? Pour le devant, ce sera sur leur plateau, six petites glacières de Saxe en feuilles de vigne, semées de fleurettes, assises sur des pieds de fleurs en relief. Pour la gauche, un de mes amis me cède la tasse de Sèvres, signée 2000 — ainsi signait avec un calembour l'ouvrier Vincent — tasse royale où Louis XVI buvait tous les matins son eau de chicorée. A droite... à droite, je verrai. Pour les fenêtres, révolution complète. J'ai horreur des rideaux à plis droits et tombants : je prends les rideaux dont Saint-Aubin a donné le modèle dans la planche du *Concert :* vraies jupes à volants, à bouillons, du haut en bas, et qu'on remonte sans les tirer. Du papier aux murs, vous pensez bien qu'il ne pouvait en être un moment question. J'envoie un ministre plénipotentiaire, mais habile, vers une vieille dame, chez laquelle j'ai fait un excellent dîner à Troyes : il me faut les quatre tentures de son salon, des bergeries de Boucher, réjouissantes à l'œil comme un lever de soleil pris au traquenard dans les métiers des Gobelins. Assis aux coins de ma cheminée, deux Amours-faunes de Clodion se balancent dans un serpentement de rocaille dorée d'or moulu d'où montent des bougies. Mais le milieu? Point de pendule d'abord! Une pendule, c'est la main du temps sur votre vie, comme le doigt d'un médecin sur votre pouls... Le milieu... le milieu...

Ici un coup de sonnette très-vif, — et la petite Marie dans ma chambre.

— Monsieur, vous êtes l'ami de M. Thomas. On m'a dit qu'il était malade. Je veux le voir.

Une demi-heure après, une voiture nous descendait rue Saint-Victor. Je ne me rappelle pas que nous nous soyons parlé pendant la route.

La porte de l'allée était ouverte. Le jardin sonnait sourdement sous des coups. Une petite pluie fine était survenue qui tombait. Thomas, en manches de chemise, piochait furieusement. La moitié du jardin était déjà retournée. Thomas poussait son ouvrage sans se soucier de nous qui marchions derrière son dos.

— Eh bien! Thomas, voilà comme on reçoit ses amis?

Sans tourner la tête, et sans regarder, sa pioche allant toujours :

— J'ai fini. Encore une cinquantaine de coups de pioche.

— Mais au moins regardez une dame que je vous amène.

Thomas passa sa manche sur son front baigné de sueur, regarda fixement la jeune femme :

— Madame, j'ai l'honneur de vous saluer. Asseyez-vous.

Il n'y avait dans le pauvre jardinet que quelques tiges flétries de pommes de terre.

Et se tournant vers moi :

— Eh bien, voilà! Le tour est fait, mon cher Monsieur ! Vous vous demandiez pourquoi j'avais peur d'eux? Elle est là-dessous! Je la cherche. Ils l'ont tuée... Oh! il n'y aura pas de trace, vous verrez! Je les ai bien entendus cette nuit : aussitôt la lune disparue du ciel, ils sont venus ; — doucement, doucement, ils sont entrés dans le jardin... les misérables! Moi, j'étais couché sur un matelas de liége, et toute ma chambre était remplie d'eau-forte... Je ne pouvais pas descendre... je ne pouvais pas descendre..., comprenez-vous? — Il s'arrêta suffoquant. — Le reste, parbleu! reprit-il d'un ton brusque, il faut que vous ayez la tête diablement dure..., ils l'ont enterrée ici... Savez-vous où elle est, vous?... Ah! là!... Otez-vous, Madame, vous me gênez!

— Mais qui, mon Dieu! ont-ils enterré? — lui dit Marie en lui prenant les mains.

— Qui! Rien! la petite Marie!

Et il se remit à piocher.

Thomas est mort, il y a de cela six semaines.

Deux amis, le Silence et l'Oubli, l'ont mené à la fosse commune; et son propriétaire a fait six casseroles des cuivres de ses belles planches : *les Amours de la Nuit et de la Seine.*

L'ORGANISTE DE LANGRES

DE LA VILLE DE LANGRES ET D'UN QUI Y HABITAIT

Langres est une petite ville de la Champagne, ayant un évêché, sept mille six cent soixante-dix-sept habitants au dernier compte, une belle promenade, beaucoup de prêtres sur la promenade, une bibliothèque, une cathédrale, presque une société, un collége communal, un musée qui a un gardien, et un tribunal de première instance. — De plus, Langres est la patrie d'Éponine et de Sabinus. — Les géographes qui l'ont découverte parlent de sa coutellerie, de son vinaigre, de ses bougies et de ses meules à émoudre. — Comme la ville est sur une hauteur, les rues montent naturellement, et comme les rues montent, les casaquins à petites fleurs bleues et roses s'arrêtent à tous les pas de porte, et se reposent à causer. — Langres est très-fière d'avoir été brûlée par les Vandales en 407, et rebrûlée par Attila en 451. Tous les ans, un savant du lieu publie une petite brochure de cinquante pages qu'il tire à vingt-cinq exemplaires, sur les « Lingones », ou le « tumulus » nouvellement trouvé à la côte d'Orbigny. — A ces petites brochures près, on naît, on mange, on médit et on meurt à Langres à peu près comme dans toutes les villes de province.

Or, en cette petite ville habitait un singulier petit homme, singulièrement vêtu : chapeau rond à larges bords, carrik gris à trois collets, culotte courte et bas noirs, souliers à boucles de jargon, et breloques au gilet.

CE QUE LA VILLE DE LANGRES SAVAIT ET DISAIT DE L'HOMME AU CARRIK.

L'homme au carrik était arrivé à Langres quelques jours après la mort de M. Lebeau, l'organiste de la cathédrale, celui qui toucha l'orgue au mariage de mademoiselle Pinel, la demoiselle aux trois cent mille francs de dot.

La place de M. Lebeau avait été promise à M. Dujeune, le maître de piano des demoiselles Delchez, dont l'oncle était président du tribunal.

L'homme au carrik en arrivant alla à l'évêché. — On parla beaucoup d'une lettre qu'il remit à l'évêque.

Autour du 15 mars, ce fut une chose officielle que M. Dujeune était « sacrifié », et que l'homme au carrik lui avait pris sa place. — M. Mettret, qui était au conseil municipal, en exprimait tout haut son opinion chez madame Delchez, profitant de l'occasion pour dire : C'est encore Paris qui nous vaut ça ! — et parler dix minutes contre la centralisation.

Au dimanche de Pâques, l'homme au carrik toucha l'orgue pour la première fois. Madame Maréchal, qui avait pris à Paris quinze leçons de Quidant, à vingt francs le cachet, dit « qu'il jouait des choses qui n'en finissaient plus, et qu'il faisait de la musique qui donnait envie de pleurer. » — M. Delbneck, qui était président de la Société philharmonique et qui était chargé des comptes rendus musicaux dans le *Veilleur de Langres*, écrivit dans cette feuille « que le nouvel organiste manquait entièrement de *brio*, » un mot tout neuf à Langres, et qui y fit fortune.

L'évêque ayant recommandé l'organiste à plusieurs personnes, l'homme au carrik fut invité à plusieurs réunions. Mais deux ou trois fois ayant été prié « de toucher du piano », il avait pris son chapeau; et aussitôt après son départ, M. Dujeune avait joué trois ou quatre morceaux sans désemparer, entre autres la fameuse *Promenade en nacelle*, — en sorte qu'on finit par ne plus inviter l'homme au carrik.

Il y a partout des originaux, qui croient bon sur l'étiquette tout ce qui vient de la capitale. Les quelques originaux de Langres demandèrent à l'homme au carrik des leçons de piano pour leurs enfants; l'organiste refusa net.

L'homme au carrik avait pris pour servante la fille qui était chez M. le curé d'Épinay.

On savait que s'il y avait deux bons morceaux

au marché, — deux bonnes truites ou deux beaux cents d'écrevisses, — l'un était acheté par mademoiselle Pélagie, la cuisinière de l'évêque, et l'autre par la fille de l'homme au carrik.

On savait que l'homme au carrik remplissait ses devoirs religieux avec soin.

On savait que l'homme au carrik se couchait après souper, se relevait la nuit, prenait du café noir, et restait à son piano jusqu'au matin.

On savait qu'il avait été payé deux cents francs de plus que M. Lebeau, et que tous les trois mois il touchait, chez le receveur particulier, quelque chose qui lui venait de Paris. — A ce propos, M. Noulins, des contributions directes, disait à l'oreille qu'il était peut-être « de la police. »

On savait qu'il n'aimait pas les enfants et encore moins les chiens. On lui avait entendu répéter « que les chiens aboient faux quand on ne les bat pas; — et que les enfants sont de petits sans-oreilles qui font leurs dents quand on fait de la musique. »

COMMENT DE TROIS CONNAISSANCES L'ORGANISTE N'EN GARDA QU'UNE.

Il restait à l'organiste trois portes ouvertes.

Il allait chez madame Comantin, une vieille femme qui habitait rue Saint-Jean et qui avait un vieux perroquet.

Il allait dans le ménage Malu, maison charmante où l'on recevait une fois par semaine, avec des petits-fours, et où l'on commençait à jouer au whist. Madame Malu avait un petit garçon « étonnant pour la musique », et à qui l'organiste, longuement prié, avait consenti à donner quelques leçons de violon.

— « Madame, » — dit un jour, sans penser à ce qu'il disait, l'organiste renversé dans un grand fauteuil chez madame Comantin, l'esprit tout entier à un vieux motet d'Orlando de Lassus et l'œil vaguement se promenant sur le plumage multicolore de l'ara, — Madame. croyez-vous qu'un perroquet à la broche serait un bon manger?

Ici, madame Comantin appela l'organiste

« bourreau », et lui signifia qu'il eût à ne plus remettre les pieds chez elle.

A quelques jours de là, le petit Malu ayant, contrairement aux remontrances de l'organiste, cinq fois réitéré une note fausse, l'organiste, dans une colère à la Lulli, lui cassa son violon sur la tête. Son moment de vivacité passé, l'organiste regretta son violon. M. Malu lui dit sévèrement qu'il en parlerait à M. Meitret, — et le petit Malu, sur la porte, tira la langue à son ancien maître.

La troisième maison où l'organiste allait, c'était chez Monseigneur.

D'UN DINER CHEZ L'ÉVÊQUE, ET DES DISCOURS EXTRAVAGANTS QUE LE TOUCHEUR D'ORGUES TIENT PAR LES RUES.

— Du beurre d'écrevisse, Monseigneur!

— Du beurre d'écrevisse! Vous avez dit le mot, monsieur l'organiste. Pélagie est prodigieuse pour les bisques. — Avez-vous remarqué comme le crustacé n'abandonne rien de son goût et profite du coulis sans s'y assimiler? — On dit qu'à Paris, on mange les écrevisses très-épicées.

— Une hérésie, Monseigneur ! En Pologne, on les fait bouillir dans le lait.

— Dans le lait ?... — Au fait, j'oubliais de vous dire que j'ai fait demander à Paris un orgue expressif.

— Un orgue expressif ! — exclama l'organiste comme mordu par une vipère. — Musique d'enfer ! Un orgue expressif dans la... la cathédrale ? — Et l'organiste jeta sa serviette sur son assiette, et se leva de table.

— « Un orgue expressif ! disait-il en descendant l'escalier tête nue, — un orgue expressif ! — Monseigneur ! monseigneur ! à tous les diables votre orgue expressif ! Haendel, entends-tu ? l'art mondain dans le sanctuaire, l'expression terrestre des passions, la sensibilité théâtrale ! Oh ! oh ! Monseigneur, cela est beau et canonique ! Tu l'as entendu, maître Palestrina ! Et qu'en diraient les anciens, Landrino, Milleville, John Bull ? Vieux amis rappelés là-haut et que je consulte pour ma messe toutes les nuits, Frescolbaldi, Lebègue, Nivers ! Ami, mon vieil ami Bach... j'ai le front brûlant, les mains froides ! Oh ! les profanes !... un orgue expressif ! »

Et il était dans la rue, et il marchait, et il trottait, tantôt le menton dans son gilet, tantôt levant les bras. Quelques fenêtres s'ouvraient; une tête passait; un mot partait : « Tiens! le toucheur d'orgues qui n'a pas de chapeau! » Quelques chiens aboyaient.

« Les massacres du xviii⁰ siècle! les Calvière, les Daquin, les Balbatre! les hérésiarques et les Pompadour, qui ont voulu faire de la musique pour leur rocaille et leurs chapelles dorées! La voix humaine dans l'orgue, massacres, mais c'est la voix divine! La voix humaine dans l'orgue! elle doit parler, sans inflexion, sans modulation, sans caresse! — Du bon Dieu, vous feriez un ténor! Monseigneur, si vous les laissez faire de l'expression et augmenter et diminuer l'intensité du son..., Monseigneur, vous faites abdiquer à l'orgue sa mission illimitée dans l'ordre humain des conceptions musicales! Vous me dites : « Bonne nouvelle, un orgue expressif! » Et qu'est-ce que je vous demande? De me laisser mes *moissons d'airain* comme elles sont, moi! — marier l'orgue avec le plain-chant : là est l'effort, là est le beau! — Orgue expressif! — que la foudre l'écrase! Gravité, immobilité, universalité, perpétuité, tout cela reçu de l'institution ecclésiastique; tranquillité plane, rompant avec l'émotion sensuelle; les mille voix de l'air dans les mille tuyaux, depuis le trente-deux pieds du bourdon jusqu'au filet de son se perdant dans l'aigu; la pédale de bombarde qui roule comme un tonnerre; une masse d'harmonie soutenue et prolongée; tenant l'esprit de l'homme suspendu et le jetant dans l'infini de l'extase, — c'est l'orgue! »

L'organiste s'échauffait en parlant. Ses gestes s'animaient; et les quelques braves gens qui le rencontraient passaient de l'autre côté de la rue, le pensant fou.

« L'orgue!... Des ignorants, et l'évêque tout le premier! L'orgue! emblème et symbole du chant ecclésiastique!... L'orgue qui a reçu une destination dans l'ordre religieux! Oui, oui, il porte en lui l'écho de toutes les harmonies du monde! Il est la synthèse harmonique des lois cosmogoniques! — Je le vois bien! vous voulez qu'il se ravale à l'imitation des instruments, qu'il prenne, comme vous dites chez vous, un rayon de vous-

même! et qu'il se fasse matière à votre image!
Parce qu'il ne leur répond pas comme un gosier
de *prima donna!* Et savent-ils ce que le concile
de Mayence a dit là-dessus? *Canticum turpe et
luxuriosum!* — Ils l'accusent de monotonie!
Eh! vous avez les répons brefs alléluiatiques, et
les neumes de jubilation! Et la diversité des
claviers, et la prodigieuse variété des jeux et des
timbres! Et est-ce ma faute si vos Milanais ont
abandonné le jeu tremblant de la Chèvre, la
belle marche des Rois, et pour le premier dimanche de mai le Chant des oiseaux... La monotonie! les Vandales! Ils parlent de monotonie,
ô Sébastien Bach! renvoie-les donc à tes chorals à quatre voix!... Et puis ce que j'ai trouvé,
moi, et ce que je puis faire! »

OU L'ORGANISTE FAIT UNE MOUILLETTE, — ET SE MARIE.

Le lendemain de ce jour unique où l'organiste
n'avait pas plié sa serviette, il alla à l'évêché sur
les dix heures du matin. Mais il ne monta pas
l'escalier, il entra dans la cour, tourna la buanderie, et pénétra dans la cuisine.

— « Pélagie, ma fille, vous avez fait hier une bisque dont je me souviens encore. Non, non, je ne ris pas, vous êtes la première cuisinière du département.

— Vous êtes bien bon, monsieur l'organiste.

— Et je m'y connais. »

L'organiste s'assit sur un coin de la table de la cuisine.

— Pélagie, vous avez trente-deux ans. Eh! eh! c'est un âge, cela, trente-deux ans! Vous n'avez jamais songé à vous marier? Bah! vous n'êtes pas faite pour coiffer sainte Catherine, ma fille. — Joli bois, que vous mettez là sur le feu! — Tenez! un petit ménage, par exemple, où vous feriez tout à votre aise vos petits plats, et puis je mets que vous auriez entre votre cuisine, votre temps pour les offices, et visiter vos connaissances..... Là, un mariage qui vous ferait une dame d'ici..... Comme ça flambe le petit fagot! ça a-t-il envie de brûler, ce bois-là! C'est pour une friture? oui, pour une friture..... Qu'est-ce que vous avez ici? 300 fr., et quelques pièces de trente sous des curés qui viennent à l'évêché..... Au reste, de grands fourneaux à tenir, beaucoup à éplucher, et des grands dîners... Les jeunes gens, voyez-vous, ça fait des trous dans les économies. »

Tout en parlant, l'organiste avait pris sur la table un morceau de mie de pain, et l'avait coupé en forme de mouillette. Il le plongea dans la poêle pendant cinq à six secondes, et l'ayant retiré doré : — « Là, vous pouvez mettre vos perches à présent, elles seront surprises. — Ma foi ! il ne s'agit pas de trente-six chemins... 1,200 fr. bon an, mal an, ça vous va-t-il ? Si ça vous va, topez là ! nous sommes mari et femme. Donnez votre compte à monseigneur, et vos bans demain. Eh ! ma fille, ce mariage-là, ça vous revient-il ?

— Tout de même, monsieur l'organiste, dit Pélagie toute rouge.

NOCE, — ET CE QUE C'ÉTAIT QUE LES SEPT HOMMES BLEUS.

Il fallut que les cloches tintassent pour que l'organiste s'éveillât.

Il brossa son chapeau, son carrik, son gilet, sa culotte.

Il secoua ses bas.

Il essuya ses boucles et ses breloques, — et puis il partit.

Pendant ce temps, mademoiselle Pélagie se faisait coiffer par un coiffeur.

Dès le matin, vaguant par les rues de Langres, on avait vu sept grands garçons, tous vêtus d'un habit de toile bleue. Les sept grands garçons avaient l'air réjoui, et se donnaient le bras, tous les sept, de façon qu'ils auraient barré les rues, s'ils avaient voulu. — A la première tintée des cloches, ils frappaient chez leur sœur Pélagie. Chacun d'eux, l'un après l'autre, vint déposer un gros baiser sur ses grosses joues. Comme les embrassades finissaient, l'organiste arriva. Il avait même démarche, même air, même tenue et même habit que d'ordinaire. Il salua ses sept beaux-frères qui lui ôtèrent leurs sept chapeaux, après quoi il dit : « Allons! et les sept paires de jambes des sept garçons de ferme se mirent à enjamber derrière les grands pieds de leur sœur, et les mollets maigres de l'organiste.

Heureusement qu'il n'y avait pas loin de chez mademoiselle Pélagie à l'église; car il sortait un polisson de chaque pavé, et quand les fiancés, suivis des sept hommes bleus, montèrent les degrés, ils avaient déjà, derrière eux, un cortége de gouailleurs et moqueurs à mines roses, à culottes fendues, les plus jeunes et les plus mauvais garnements de la ville, faisant au couple charivari, de la voix et du geste.

L'organiste ne broncha pas; mais un des gamins étant venu se frotter un peu trop à sa portée, il faillit lui enlever une oreille. Cela fit un peu de respect dans la meute et un peu de silence dans les aboiements.

La cérémonie faite, l'organiste, qui avait dans sa main osseuse la main de mademoiselle Pélagie, tourna brusquement une petite ruelle qui longeait l'église. Les sept habits bleus furent obligés de rompre leur ordre de bataille et se mirent à marcher un à un. L'organiste, entendant grincer derrière lui les quatorze cents gros clous de leurs quatorze souliers, prit sept pièces de deux francs toutes neuves dans la poche de son gilet et dit, en en donnant une à chacun des sept frères : « On ne fait pas la noce chez moi. Voilà. » — Les sept habits bleus sortirent de la ruelle, se reprirent le bras et entrèrent dans un cabaret sur la Grand'Place.

Il faisait beau ce jour-là à Langres, et l'on en profitait pour rendre des visites « de digestion ». Sur les portes, les visités faisaient les derniers compliments aux visiteurs. Madame Comantin même se hasardait à marcher un peu au soleil, le long du mur du Collége, avec sa servante, essayant de se réchauffer le dos ; — en sorte que toutes les anciennes connaissances de l'organiste se régalèrent de le voir passer, la cuisinière de l'évêque au bras.

De tout cela, la mariée ne s'occupa guère, occupée qu'elle était à se mirer en sa robe blanche ; et pour le marié, sans doute qu'il ne vit et n'entendit rien. Eût-il eu à la main une princesse de l'illustre maison de Lorraine, il n'eût pas eu le jarret mieux tendu ni le front plus haut.

— « Pélagie ! — dit l'organiste en montant l'escalier du domicile conjugal, — vous allez me mettre un tablier et me faire une bisque comme celle de l'évêque.

NUIT DE NOCE, — OU L'ORGANISTE INVENTE LE SAC DU *gras* ET DU *maigre* ET FAIT DE LA BONNE MUSIQUE A SON ÉPOUSÉE.

Après dîner, l'organiste se mit à couper du papier dans la chambre nuptiale, et à copier dans un livre d'assez malpropre apparence sur un tas de petits carrés.

Pélagie passa la soirée à faire tourner dans tous les sens, sur un champignon, un chapeau qu'elle avait fait venir de Paris.

A onze heures, elle ne trouva rien de mieux que d'embrasser son mari.

Le musicien eut un moment d'impatience, dit assez brusquement : « Ma fille, couchez-vous, » — et continua à couvrir ses petits papiers qu'il mettait, à mesure qu'ils étaient écrits, dans deux sacs placés devant lui.

Quand il eut fini, il s'approcha du lit.

Pélagie eut un moment de pudeur.

L'organiste s'assit au pied du lit. — « Pélagie, — dit-il, — vous n'avez jamais entendu parler de cela *Cantu et Musica sacra, auctore Ger-*

bert. Eh bien! je le traduis, et puis, vous le savez, je fais de la musique... Je veux vivre très-doucement, à ma volonté.... Rappelez-vous qu'une femme en colère a de très-vilaines notes dans la voix, et cela m'agace.... J'ai des choses dans la tête que vous ne pouvez comprendre, et c'est pourquoi je ne peux pas m'occuper de faribroles.... Vous prendrez l'habitude de dormir quand je joue du piano, je vous assure. A la fin, cela vous endormira.... Vous aurez la bourse.... Vous irez voir vos amies, si cela vous plaît, autant et quand il vous plaira.... Mais je ne veux âme qui vive chez moi, entendez-vous? L'escalier est haut, et je vous préviens que les amies pourraient tomber en s'en allant.... Ce que c'est que ces deux sacs, je vais vous le dire, Pélagie...., et tous ces petits papiers en même temps. Je n'aime pas à manger les mêmes plats, mon goût se fatigue. Je suis peut-être gourmand, et trouver quelque chose pour ma bouche, c'est un supplice. Dans ce sac que voici, je viens de mettre tous les noms des plats gras que j'aime, et dans l'autre tous les plats maigres. Selon le jour, vous prendrez trois petits papiers dans l'un ou dans l'autre, et vous saurez ce qu'il faudra me faire.... Je vous ai dit ce que j'avais à vous dire. — Maintenant endormez-vous là-dessus. »

Et sans un mot de plus, l'organiste approcha une chaise du piano. Il préluda ; puis, ses mains volèrent sur l'instrument, et la chaîne des harmonies graves montait du piano au plafond, redescendait du plafond au piano, — et les doigts de l'organiste réveillaient des accords, à te croire encore de ce monde, Jean Gabrielli de Venise !

La femme songea un peu ; — puis ses idées se noyèrent dans le bruit. Elle s'endormit.

Quand elle se leva le lendemain matin, l'organiste ferma le piano et se mit au lit.

OÙ ILS FURENT HEUREUX ET N'EURENT PAS D'ENFANTS.

Adonc l'organiste continua, toutes les nuits, à composer sa messe, et finit de traduire Gerbert.

Pélagie porta chapeau. — Elle s'habitua aux musiques nocturnes de son mari, et Attila aurait pu recommencer à brûler la ville de Langres sans qu'elle eût la moindre velléité de s'éveiller.

Au bout de quelque temps, elle tira régulièrement la loterie des dîners gras, cinq jours dans un sac, et la loterie des dîners maigres, deux jours dans l'autre.

L'évêque ne pardonna pas d'abord à l'organiste ce qu'il appelait une « mésalliance ». — Mais quand il eut remplacé Pélagie par Jeanneton, de chez M. Daguet, l'ancien juge d'instruction, il reconnut que si Pélagie était inimitable pour la bisque d'écrevisses, Jeanneton avait bien son prix pour le salmis de bécasses; et le jour où il reconnut cela, Monseigneur commença — dit-on — à en vouloir moins au mari de sa cuisinière.

MADAME ALCIDE

LE CHŒUR, *se tournant vers Indiana.*
Trois juliennes! — trois matelottes! — trois gigots! — trois fritures!...

MADAME ALCIDE.
Une salade et des fraises, voilà! Messieurs; du bordeaux, n'est-ce pas? ça fait du bien à la gorge!

Il est, il est à dix minutes de Paris un cabaret où l'Art et la Littérature ont leur couvert toujours mis. Il y a des tonnelles; les fourmis marchent sur la nappe, et les chenilles tombent dans les assiettes. Cabaret monté de la hutte au pavillon, et de l'île à la berge! il a changé ses planches contre des murailles blanches, sa devanture de filets contre les volets verts des vieux romans, son fer contre du ruolz! Cabaret où sous la droite redoutable de cette femme de soixante-quatorze ans qui siége au comptoir se taisent à demi, inapaisés, grondants, les jalousies, les ressentiments, les colères de son entour et de sa portée! Cabaret où quand la table de famille se dresse pour les amants, les fils et les filles de la vieille matrone, il se parle une langue toute neuve et sans clef, langue de forts en gueule, coulée d'argot roulée des Halles à la Conciergerie! La nuit, le couteau, promené par les mains des fils, contient les prétendants de la Pénélope énorme; les filles, la mère les donne pour gages aux cuisiniers! Et dans cette promiscuité et ce pêle-mêle de drames, un génie protecteur, comme dans une peuplade de *Peaux-rouges*, un idiot, un gros, gras et huileux garçon, la lèvre sans ressort et tombante; un idiot que, depuis vingt ans, les habitués voient apprenant à lire derrière l'allumette promenée sur un même alphabet par un vieillard en cravate blanche. Le vieillard au chef grave, le menton monté sur sa cravate toujours blanche, émiette du pain aux poulets et aux lapins qu'il gouverne ; puis il vient s'asseoir, — lui, ce marquis ruiné par la vieille ! — à ce festin des Lapithes, dont elle lui fait aumône, indifférent, muet, sourd ! Caverne où un soir à souper s'est attardée la muse d'Eugène Süe !

MADAME ALCIDE.

Ah ! bien, vous me l'aviez prédit : « Quand il sera arrivé celui-là, il vous écrasera avec son carrosse. » Vous aviez plus de philosophie du cœur humain que moi. Je me rappelle que vous m'aviez si bien prédit ça ! Je suis restée tout de même trois ans avec lui... — Ah ! la bonne soupe ! C'est un fameux restaurant ici ! Ça me rappelle les deux seuls dîners que j'ai faits avec lui. Figurez-vous, Messieurs, — il faut vous dire qu'il gagnait douze cents francs par an, c'était pas le diable, mais enfin... V'là qu'au bout d'un an, il me mène à la campagne... J'avais une petite robe très-gentille, toute neuve, que je m'étais faite avec des doublures de soie que la mère du Château lui envoyait, si par hasard il avait besoin de se raccommoder.

CHŒUR.

Femme ingénieuse! Nous connaissons ton tapis de Smyrne à franges tissées avec les épaulettes du garde national La Coutelle! Tu t'habilles comme l'oiseau fait son nid, de grapilles quêtées çà et là. Nous t'avons contemplée au bal de l'Opéra, Alcide, en *Reine de Chypre*; et nul n'a jamais su dire de quoi tu t'étais fais cette chose composite que tu appelais ton costume! Va, reprends de la matelotte, et continue à dévoiler ton cœur!

MADAME ALCIDE.

Ai-je sué ce jour-là!... Quelle trotte! Il m'a fait aller de la rue Frochot au Jardin-des-Plantes, et du Jardin-des-Plantes à Belleville, à pied; et a-t-il rechigné après ses gueux de trois francs de dîner! — En rentrant, il a mis tout de suite sur son livre de dépenses : *Gaudriole*, trois francs.

CHŒUR.

Gaudriole? — Ah! ah! — Et pourquoi? et pourquoi?

MADAME ALCIDE.

Oui, Messieurs, il m'a dit que tout ce qui n'était pas des choses utiles, il portait ça au compte : *Gaudriole*. — Il était rat comme tout, faut vous dire... il avait un livre de compte... un livre de compte. C'était drôle... un tas de colonnes, des rangées de colonnes, des chiffres, c'était en ordre comme un régiment. Il me disait que comme ça, ça lui faisait voir toutes ses dépenses groupées. Et il mettait tout dessus; le soir nous n'avions pas d'argent pour sortir; alors nous jouions; quand je perdais, il mettait sur ses comptes : *Alcide me redoit un sou de jeu*. — Mais, Messieurs, prenez donc de la matelotte... Vous, Monsieur...

CHŒUR.

Merci, Madame Alcide; elle est à nous, elle est à vous!

MADAME ALCIDE.

Voyons, là-bas, le *petit chapeau*, vrai, vous ne m'en voudrez pas?... j'ai une faim de chien... j'ai mangé un petit gâteau d'un sou en venant, j'allais tomber; mais voyons, vraiment vous en avez assez?

CHŒUR.

Madame Alcide, vous faites des cérémonies!

MADAME ALCIDE.

Moi, Messieurs? Ah bien!... Mais qu'est-ce que je vous racontais... Ah! vous savez l'histoire de sa robe de chambre... C'est pour vous en revenir à ses grandeurs, vous allez voir.—Attendez, parce que quand je raconte, je ne mange pas.

CHŒUR.

Mangez et buvez, Madame Alcide! Buvez et mangez, Madame Alcide!

MADAME ALCIDE.

Le matin, je sortais, et lui donnait un coup au ménage. J'avais remarqué... V'là un vrai restaurant! C'est meilleur qu'à ma table d'hôte!

CHŒUR.

Vous dînez donc toujours à votre table d'hôte, Madame Alcide?

MADAME ALCIDE.

Oui, Messieurs; écoutez donc, j'ai quatre plats pour vingt sous. Eh bien! si je faisais ma boubouille chez moi, je prendrais un bifteck, je suppose, de dix sous; bien.., du bleu à dix... ah! moi j'aime le bon vin... ça me ferait déjà... et puis le charbon, le bois, et aller chercher... est-ce que je sais!

CHŒUR.

Madame Alcide, à votre table d'hôte, ce ne sont que voleurs. On joue après dîner. Vous vous ferez voler, ô Madame Alcide, comme vous fûtes toujours volée tout le long, le long de votre existence.

MADAME ALCIDE.

Non, Messieurs, on ne joue pas après dîner. Mais ce n'est pas de cela qu'il s'agit. M. du Château se mettait donc toujours à la fenêtre avec une robe de chambre grasse, mais grasse... Il était très-beau, vous savez, un brun, des favoris noirs, et moustache *idem*. Je me dis : « C'est bien drôle tout de même qu'il prenne l'air tant que ça, » et je vis que c'était pour une guenon d'Anglaise qui montait tous les jours à cheval dans la cour, une amazone ! Elle le regardait. M. du Château coupait là-dedans. Je suis jalouse, moi. Ça me trottait déjà, cette Anglaise à caracoles, quand il me dit un matin comme ça : « Avance-moi une robe de chambre. Je voudrais avoir une robe de chambre, une robe de chambre avec une torsade et un gland pour faire un nœud comme ça, sur le côté ; » et il se pose. Je vois son jeu de loin, je devine de longueur que Monsieur veut s'adoniser pour cette Franconi! La moutarde me monte, et je lui dis : « Monsieur du Château, j'ai vingt-cinq francs dans mon secrétaire. C'est pour le terme, vous le savez bien; je n'irai pas m'échigner pour vous donner une autre robe de chambre. » — Le beau gigot! Ah! j'ai faim; je ne fais pas la petite bouche... C'est de la bonne viande... Moi qui ne connaissais pas ce restaurant-là... Je connais pourtant assez d'artistes.

CHŒUR.

Mangez du gigot, Madame Alcide, et continuez-nous l'histoire secrète du nommé du Château.

MADAME ALCIDE.

Il me quitte. Nous sommes un an sans nous revoir. J'avais aux pieds des bottines percées. J'étais rue Larochefoucauld. Au coin de l'épicier, j'entends quelqu'un qui demande la monnaie d'un billet de cinq. C'était lui! Ah! je dis, par exemple, tu ne m'échapperas pas. Je vais me planter devant la boutique. Il m'aperçoit du coin de l'œil. Il me tourne vite le dos. Je ne bouge pas. Il sort. Je lui dis : « Je suis bien heureuse que vous ayez fait fortune. Vous devriez bien me donner une paire de bottines. » Il me dit : « De l'argent, vous voyez bien que je n'en ai pas; l'épicier n'a pas voulu me changer. » C'était vrai. Il me dit encore que dans le temps je n'ai pas voulu lui avancer une robe de chambre. — Ça lui était resté, cette robe de chambre! et il me donne rendez-vous le lendemain à huit heures sur les buttes Montmartre.

CHŒUR.

Sur les buttes Montmartre, Madame Alcide?

MADAME ALCIDE.

Il faisait un temps, de la pluie, du vent! Je m'en vais là-haut. Je ne vois personne, et j'attends de bonne foi. Le lendemain soir je le pince sur le boulevard. Il y avait une débâcle atroce. J'avais les pieds dans la neige et la glace. Je lui dis s'il veut me donner ma paire de botttines. Lui, à bout, il me dit : « Eh bien, enfin, combien que ça coûte une paire de bottines? — Douze francs, vois, j'ai les pieds dans l'eau. » V'là qui veut me reconduire et monter chez moi. Ah! Messieurs, vous savez que je ne reçois personne... et puis mon propriétaire, M. Dumon, un vieux qui m'a fait la cour, n'entend pas de cette oreille-là. Je dis à mon du Château — je ne voulais pas le vexer, rapport à mes bottines, — que M. Dumon est graveur du roi, un orléaniste, et qu'il me flanquera à la porte, s'il sait que j'ai reçu un bonapartiste. Là-dessus, du Château s'en va, et je n'ai pas eu de bottines.

CHŒUR.

Et ce fut alors, n'est-ce pas, Madame Alcide, que commença votre grande *panne*, cette *panne* pendant laquelle vous échangeâtes, blonde que vous étiez! un gril, une petite pendule dorée, et une guitare contre une queue de cheveux noirs!

MADAME ALCIDE.

Tenez! avec vous, je ne décesse pas de parler, parce que vous m'inspirez..., oui, vous me dites un petit mot... et ça me fait repartir. La dernière fois que je vis M. du Château, c'était à l'époque de nos troubles politiques. Je n'avais plus le sou. Je ne posais plus. Vous savez que ça n'allait pas. Ma foi! j'avais une marine de je ne sais plus qui, je la décroche, je la fourre sous mon châle; et je pars *laver* ça. Dans la rue Montmartre, il y avait des rassemblements;

j'aperçois M. du Château. Il avait un grand bandeau sur l'œil. Heureusement qu'il se présenta à moi du côté droit qui n'avait pas de bandeau, sans cela je ne l'aurais pas reconnu. Il était accompagné de deux ou trois hommes, des faces de galériens, de ces gens qu'on ne rencontre que dans les révolutions. Ils me jetaient, Messieurs, des regards terribles. Je ne fais ni une ni deux. V'lan! je flanque ma toile devant le nez de M. du Château. — Qu'est-ce que c'est que cela, Madame? — qu'il fait. — Une marine! Vous allez m'acheter cela. Je n'ai plus le sou. Je ne fais plus rien. — Je n'achète pas de marine. — Eh bien, — je lui dis, — menez-moi dîner à la campagne. — Non; je n'ai pas le temps. L'œuvre marche, — qu'il me dit tout bas, et il tire une pièce blanche qu'il me met dans la main, et file avec ses satellites. Devant tout le monde, ça m'a offusquée. Je ne l'ai jamais retrouvé depuis ce temps-là. Un peu de sauce? Oui, je veux bien, vous en avez, vous, Messieurs? Personne n'en veut plus? Eh bien, j'aime autant prendre le plat, si ça ne vous fait rien.

CHŒUR.

La Renommée aux pieds légers a chanté à mon oreille que vous connûtes le célèbre prince Édouard.

MADAME ALCIDE.

Encore des choses drôles, allez. Je le rencontre au bal de l'Opéra. Il cause. Il me demande à venir chez moi. Moi, — une folie, si vous voulez, Messieurs : je voulais connaître un fils de roi, je lui donne mon adresse. Il vient le lendemain. Il était noble comme tout, un port... — « Ma chère, — me dit-il, — ma voiture est en bas; mais je ne puis vous emmener, vous n'avez pas de toilette, » — et il me laisse. Ça me monte, cet affront. Ah! je dis, attends, je n'ai pas de toilette, tu vas voir ça. Je prends tout l'argent que j'avais. J'achète des chapeaux, un jaune, et un petit bonnet avec des roses... très-gentil. Il revient. — « Madame, où allez-vous? — Je vais sortir, monsieur, — que je fais — on va m'apporter des chapeaux. » — Ça le pique. — « Je serais curieux de les voir. » — On les apporte. Il trouve que ça me va, et il me dit : — « Madame, vous allez venir dîner avec moi chez

Broggi. Nous irons à pied. » Il me fait boire ; et puis je voyais que quand il me versait, il tirait d'une boîte en or quelque chose, et mettait un peu de poudre dans mon verre. Je me sens toute drôle. Je lui dis : « Je suis malade, empoisonneur ! » Il ne se trouble pas. Il me dit : « Madame, j'ai voulu vous éprouver. On m'avait dit que vous n'étiez pas une femme comme une autre. Je vois que vous n'êtes pas usée par les orgies. » Ça n'empêche pas que je fus malade toute la nuit. Il me soigna comme un père au milieu des convulsions..... Nous demeurions ensemble. C'était l'hiver. Il gelait à pierre fendre. Il me dit : « Madame, vous ne faites donc pas de feu ? — Du feu, Monsieur le prince ? non. Quand j'ai froid, je vais me chauffer au bal. » Quand il voit ça : « Madame, il n'est pas convenable que vous ayez une garniture de cheminée antique. J'ai fait prix avec un brocanteur pour vous en débarrasser ; — et il met par terre ma pendule d'albâtre et mes vases de fleurs. J'ai vu de très-beaux flambeaux de bronze à 10 francs, rue Saint-Lazare. Vous allez aller les acheter. » — J'ai été acheter les flambeaux. On me les a laissés à 9. Pour la pendule, il mettait à sa place tous les jours un bouquet de violettes. Il me donnait 30 francs par mois. Il logeait chez moi. Un jour il me dit : « Voulez-vous voir, Madame, les débris de ma fortune? » et il me fait voir sur un papier une foule de diamants. Ce soir-là, il rentra; il avait le gousset plein de pièces d'or et d'argent. Il mit tout ça sur la table de nuit, et, couché, la tête dans sa main, il se mit à regarder longtemps. Et moi, je pensais pendant ce temps que cet homme contemplait les débris de ses richesses; et ça me faisait songer tristement, Messieurs. Quand, le lendemain, il compta son or, et qu'il allait partir, je me dis : Il faut pourtant que je lui demande quelque chose. — Je l'arrêtai à la porte : — «Mon ami, je n'ai plus d'argent. » — Lui, il me dit : « Et les 50 francs que je vous avais confiés? — Vos 50 francs? les voilà! Je lui tends deux factures. Comme il aimait être couché mollement, ce mois-là, je lui avais fait la chatterie de faire rebattre les matelas, changer les taies, et ça coûte tout ça! Il me dit : « Madame, puisque vous n'avez pas su garder cet argent, je vous en aurais donné cinquante autres; vous ne les aurez pas. Du reste, Madame, je respecte trop une femme qui est à moi pour lui offrir de l'argent. » — Au terme, je lui dis : « Il faut payer le propriétaire. » Le voilà qui me répond : « Madame, je vais en Normandie, manger du fromage de Brie; respectez mon malheur. » Cette réponse avait le droit de me surprendre. — Quand je pense que ma pauvre vie a toujours été d'être bousculée comme ça. Toute petite, j'ai eu un père, un brave qui n'avait pas froid aux oreilles, un père dur, mais dur! Ça n'a pas encore été pour moi un doux agneau...

INDIANA, *ouvrant la porte.*

Combien de fritures à ces Messieurs?

MADAME ALCIDE.

Oh! pour un, n'est-ce pas, Messieurs? Je suis pleine jusque-là.

INDIANA.

Pour un? Vous êtes cinq! — Vous me faites mal, la mère!

CHŒUR.

Pour trois! et sortez, Indiana. — Ah! ça, Madame Alcide, est-ce que la roue de la Fortune n'a pas arraché du Château de vos bras pour le porter au sommet d'une haute position?

MADAME ALCIDE.

Je crois bien. Il est quelque chose comme qui dirait ministre. Ah! il a fait son beurre! Il est au pinacle. Voilà qu'il me revient une histoire là-dessus. Figurez-vous, je dînais cet hiver au *Grand-Turc*. Beaucoup de monde était à regarder un beau domestique, mais très-bien, qui avait une livrée avec des galons d'or, un bel homme et qui faisait son important. Je le fixe, et je reconnais cet homme. Ça l'étonne que je le regarde comme ça. Je lui dis : « Connaissez-vous M. du Château? » Il me dit : « Oui. Je suis le valet de pied de l'empereur son maître. » Et en me toisant il me demande si je le connaîtrais? « Oui, je fais tout haut, et même intimement. J'ai été sa maîtresse pendant trois ans. » Cet homme se lève du coup et me dit : « Vous avez été la maîtresse de M. du Château? » — « Même, que je lui dis, que je vous connais bien, et que quand vous êtes venu parler à M. du Château de la part de votre maître, et apporter une lettre rue de Laval, vous vous êtes assis à gauche en entrant, sur une banquette. » Voilà cet homme qui voit bien que je l'ai connu, qui m'offre le café, et qui me dit que je devrais m'adresser à M. du Château pour avoir quelque chose. Il me dit que justement il y a dans la maison de l'empereur une place vacante de femme de la garde-robe, ça rapporte cinquante sous par jour...

CHŒUR.

Femme de la garde-robe? Expliquez-vous, Madame Alcide.

MADAME ALCIDE.

J'écris une lettre à M. du Château, et je vais porter ça à l'adresse où ce domestique m'avait dit demeurer. Il s'était fait fort de remettre ma lettre à M. du Château lui-même; moi ça m'allait, vous comprenez. — Après cela, je savais bien qu'il fallait être une dame noble pour cet emploi-là.....

CHŒUR.

Une noble dame, — vous l'avez dit, Madame Alcide.

MADAME ALCIDE.

Dans ma lettre, je lui rappelais le passé, à ce

sans-cœur, et je lui disais que je me conformerais à toutes ses instructions; oui, enfin que je ne parlerais jamais de ce qui s'est passé entre nous. Mais vous ne savez pas ce qui m'arrive le lendemain matin? Une femme qui entre avec un train de furie chez moi, et qui me dit que j'écris à son mari des choses!... C'était la femme de ce domestique! Elle avait décacheté la lettre pour M. du Château. Cette grue-là! elle avait pris ce que je disais pour son mari! — Ah! je n'ai jamais eu de chance! Justement, dans ce moment-là, je posais les mains de M. Molé, vous savez, dans le portrait d'Horace Vernet. J'étais raffalée; j'avais envie d'aller l'attendre à la porte d'Horace, et de lui dire : « Monseigneur, c'est moi qui pose vos mains. Donnez-moi un bureau de papier timbré! » Mais je n'ai pas eu ce front-là. Tenez! je vous parlais tout à l'heure de mon père... Eh bien! mon premier amour, ça n'a pas encore été tout bonheur... Moi qui ai toujours eu pour idéal un jeune homme noble, bien fait, avec des ongles roses et un chien de chasse, qui m'embrasserait dans l'île Saint-Denis!

CHŒUR.

Aux baisers d'argent de Phœbé la blonde, enlacés l'un à l'autre comme la vigne à l'ormeau, avez-vous vu passer Madame Alcide au bras de son idéal, suivant le sentier qui trempe dans la rivière murmurante?

MADAME ALCIDE.

Oui, Messieurs, ç'a été un homme de quarante-cinq ans, — mon premier amour — qui faisait des pièces. Des raisons de famille me forcent à vous taire son nom. On l'a porté en triomphe sur la scène de l'Odéon tout de même comme Voltaire. Il n'avait pas le sou, avec tous ses triomphes. Ah! il m'a bien fait aller au spectacle.

CHŒUR.

Femme, tu peux un moment suspendre ta langue, et boire le bain de pied de ton petit verre. Tes paroles descendent dans les oreilles, comme les neiges des montagnes descendent dans les plaines. Les péripéties de tes aventures étonnent les mortels pendus à tes lèvres. Femme simple, femme étonnante, tes amours pleins d'épisodes comme les amours d'épopées, sont toujours liés à des amours sans monnaie. Ta bêtise est grandiose et cyclopéenne, créature ingénue, mariée avec le grotesque. L'odyssée de ton existence ahurit, si j'ose m'exprimer ainsi. Alcide, toi qu'un peintre fameux enroula et enchaîna dans les tissus de l'Orient, pour abuser de ta faiblesse; géante de cocasserie, Alcide, toi dont les formes plantureuses revivront par les toiles éternelles; toi que nous avons vue porter l'adversité, comme le bœuf porte le soleil, et dont le *clou* fatal a souvent reçu toutes les toilettes; Crusoé du beau sexe, toi qui te fais des robes de rien, — retourne en tes lointains foyers! Nous te respectons trop pour te reconduire.

MADAME ALCIDE.

Tout ce que vous me dites là... je ne sais pas... mais ce que je sais, c'est que vous êtes bien gentils : vous payez du bordeaux aux femmes, et puis avec vous jamais de claques ni de coups de poing au dessert.

(*Exeunt.*)

PEYTEL

« *Cour d'Assises de l'Ain. — Audience du 30 août.* — M. le Président prononce l'arrêt qui condamne *Benoît-Sébastien Peytel à la peine de mort.* — Au moment même où M. le Président vient de prononcer la peine terrible, on entend une voix du milieu de la foule s'écrier : « Vivent les jurés! »

Le pourvoi en cassation fut rejeté le 10 octobre.

Bourg, mardi 15 octobre 1839.

« Le 13, Peytel a appris de M. le curé le rejet de son pourvoi. Cette affreuse nouvelle ne lui a fait perdre ni son calme ni son énergie. Le curé était tellement ému que Peytel s'en aperçut et lui dit: Vous êtes agité, Monsieur le curé; pourquoi?.. Voyez, moi, je suis calme, jugez-en. Puis déboutonnant son gilet et sa chemise, il prit une de ses mains qu'il posa sur son cœur en lui disant : « Voyez si mon cœur bat plus vite que de coutume.

» Gui... »

Bourg, le 16 octobre 1839.

« Croiriez-vous que ce matin, lorsque M. le curé
» est entré auprès de ce malheureux, il lui a dit
» presque souriant : Vous ne devineriez pas,
» Monsieur le curé, de quoi j'ai parlé hier pendant tout mon dîner avec le concierge? — Non.
» — De mon exécution... Et là-dessus, il est
» entré avec son calme ordinaire dans des détails vraiment inconcevables.

» Gui... »

Si l'annonce du rejet de son pourvoi avait laissé Peytel calme, la possibilité de commutation de peine et la perspective du bagne le trouvaient plus ému et moins préparé; et avant de le décider à tenter un recours en grâce, son avocat

M. Margerand, et ses amis eurent à soutenir contre lui des luttes et des combats pendant lesquels cette lettre s'échappait de sa plume :

« Je n'ai pas changé de manière de voir, et
» n'en changerai pas, *quoi qu'il advienne...* Dés-
» honoré met le comble à mes maux ; je doute
» qu'il soit au monde un homme qui le sente
» mieux que moi. Lorsque votre lettre d'hier m'a
» été remise, je voulais faire une réponse en
» quatre mots ; cette réponse sera encore faite de
» même sur votre papier. Ici vont se trouver
» quelques explications. Hier soir, j'ai lu à la
» lumière votre lettre ; on a eu pour la première
» fois la complaisance de me donner un morceau
» de bougie gros comme un canon de plume,
» long d'un demi-pouce. Cette lumière m'a suffi
» pour lire deux fois votre épître et m'en bien
» pénétrer. A huit heures la fièvre m'a pris. A
» neuf, j'avais sept pulsations et demie dans l'es-
» pace de temps qui s'écoule entre deux coups
» frappés à l'horloge de la ville. Le mouvement
» habituel de mon pouls est de quatre et demi.
» C'est donc trois de plus qu'à l'ordinaire ; cet
» état a duré jusqu'à deux heures du matin. Alors

» j'ai eu un redoublement de fièvre, j'ai eu
» une espèce d'hallucination; j'ai vu autour de
» moi mon père, mes oncles décédés, mes parents
» vivants. Je me suis levé, j'ai cherché à com-
» prendre où j'étais, ce que j'étais, et j'ai fini par
» tomber sur les cadettes qui pavent mon ca-
» chot.

» A cinq heures, un fou qui est dans un cachot
» voisin m'a réveillé en frappant à coups redou-
» blés contre la porte. Je me suis relevé, mis au
» lit et l'abattement m'a assoupi jusqu'à six heures
» et demie. Alors, j'ai lu et relu votre lettre, y ai
» fait un mot de réponse. C'est le seul mot pré-
» cédé de points ci-dessus qui a produit cet
» effet. Car dimanche j'ai connu le rejet, et je
» n'ai pas changé de manière de taire ni de dire.
» Que m'importe la vie aujourd'hui? La vie du
» bagne est pour moi impossible, j'aime mieux
» la mort. Je serai si je vis encore un fardeau
» pour ma famille, pour ceux de mes enfants
» qui conserveront encore quelques sentiments
» pour moi, il vaut mieux que je meure. Qu'im-
» porte quelques jours de plus ou de moins avec
» le déshonneur? La prolongation de l'existence

» devient pesante, quelque énergie que l'homme
» se sente, quelque purs que soient ses senti-
» ments, quelque peu mérités que soient les ju-
» gements portés contre lui, quelle que soit en-
» fin la force et la grandeur de ce qu'il ferait
» dans la suite. L'homme déshonoré ne peut
» rien espérer, il a souillé son nom, souillé la
» lignée dont il sort, il a fait une blessure qui
» non-seulement porte préjudice aux branches,
» mais encore attaque la souche de sa généalogie.
» Un bon horticulteur tranche au vif une branche
» pareille; quelques années après, la cicatrisa-
» tion s'opère, et l'arbre n'est nullement endom-
» magé. Mais si la branche viciée reste sur l'arbre
» tout périclitera. Il vaut mieux la couper. Qu'on
» me tranche donc la tête. »

Un peu plus tard, Peytel se décida. Tous les efforts de ce qui lui restait d'amis se tournèrent vers la clémence royale. On savait que le roi mettait comme une religion à dire *oui* ou *non*, quand il s'agissait de la tête d'un homme, et qu'il compulsait lui-même, et avec grand soin, le dossier des condamnés.

Ce qui avait ému le plus vivement la cour,

c'était ce double homicide, et la mort de cette jeune femme bientôt mère. Une familière des Tuileries, madame d'Abrantès, écrivait : « On a parlé surtout de la position de madame Peytel, et ce qui exaspère le plus, c'est une femme grosse tuée en deux personnes. » — Toutes les démarches faites à Saint-Cloud, par la sœur du condamné, Madame Carraud, conduite par madame d'Abrantès, pour parvenir jusqu'au roi, furent inutiles. Le roi fit répondre par M. d'Houdetot, son premier aide de camp, « qu'il prenait en considération la position de cette pauvre sœur, mais qu'il ne pouvait pas la voir. » A une seconde tentative, le roi trouva encore une excuse dont il chargea le général Delort : « On ne peut plus poliment répondre *non* », dit madame d'Abrantès. Le premier mot du général avait été : « Les lettres de Balzac l'ont perdu dans l'opinion. » Ces lettres remarquables, cette défense discrète qui était presque toute dans ce qu'elle ne disait pas, cette plaidoirie qui laissait déduire au lecteur les conséquences vraisemblables du caractère *bilieux-sanguin* de Peytel, dans une circonstance habilement probabilisée, avaient indigné le roi.

« Avant-hier, — écrivait madame d'Abrantès, — le roi a parlé de Peytel avec amertume, et l'a appelé un monstre pour avoir permis qu'on calomniât ainsi une femme morte, et il a ajouté : « Cela seul prouve le crime. » La reine, en sa clémence de femme, touchée d'abord par la situation du malheureux, lui avait retiré bientôt après sa pitié. Je lis ceci dans une des lettres de madame d'Abrantès, qui s'employait avec dévouement à mieux disposer la cour pour le condamné. « On a beaucoup jasé de ma visite à Saint-Cloud. Le roi a dit : « Cette pauvre madame d'Abrantès se donne là bien du mal pour une bien mauvaise cause. » La reine a dit dans le même sens ; et madame d'Abrantès ajoutait : « Il vous est impossible de comprendre ce qu'on a d'opinion arrêtée à l'égard de Peytel au château. Je ne m'explique une animosité si positive que par une chose : les lettres de Balzac ont paru dans le *Siècle;* le *Siècle* est un journal de l'opposition. Cela a peut-être contribué à cette haine; » et plus loin : « Le roi a fait écrire à Bourg, à Belley; on a répondu que, s'il faisait grâce, il y aurait du bruit... La haine de la cour est tout à fait nouvelle pour ces sortes d'affaires. On dirait qu'on punit en lui un autre Alibaud. » Cette dernière phrase est curieuse. Le roi croyait Peytel coupable : il se refusait à lui faire grâce, et les esprits les plus justes et les plus calmes avaient je ne sais quel entraînement à lui prêter un ressentiment contre le condamné, et à mettre sur le compte d'une vengeance politique, ce qui était pour le roi une affaire de justice. C'est que Peytel avait, lui aussi, donné son coup d'épingle dans cette guerre charivarique que l'opposition avait commencée contre Louis-Philippe à peine assis sur le trône. Au temps où, actif et remueur, Peytel s'était essayé à être homme de lettres, au temps où il espérait, comme disait, devenir *contemporain*, au temps où germait déjà en lui le désir d'un nom, désir immense, insensé, délirant, qui le fit aller à l'échafaud presque consolé en songeant à la célébrité des causes célèbres, Peytel, las du journalisme et des petites batailles de la petite presse, avait frappé à la porte de la Muse du vigneron de la Chavonnière. Il avait fait — d'autres disent il avait fait faire par L. D., un homme d'esprit, — *la Physiologie de la Poire*. C'était l'époque de vogue et de premier succès de cette plaisanterie Philiponienne. L'allégorie eut tout le succès qu'elle pouvait espérer ; et les allusions sur *le calice à cinq divisions ouvertes comme qui dirait cinq ministères*, les plaisanteries plus ou moins spirituelles sur les poires de *Sainte-Lésine*, *d'Épargne*, *de Martin-Sec*, furent trouvées délicates autant que récréatives par tous les boudeurs de la royauté nouvelle.

Quoi qu'il en soit des dispositions vraies ou supposées de la cour, quelques jours après le rejet du pourvoi, M. Teste, alors ministre de la justice, remit au roi, en conseil des ministres, un mémoire en faveur de Peytel.

Ce long mémoire débutait par une peinture du caractère de Peytel, appuyée de traits vifs et intimes. Puis Gavarni disait le mauvais vouloir de cette petite ville où Peytel avait fait l'inimitié autour de lui par des chansons, des couplets, deux rimes souvent ou un mot. Il s'étendait sur toutes ces rancunes un peu envieuses de province, réunies en faisceau, et formant une opinion locale ennemie de l'homme. Il joignait à son dire les lettres sur lesquelles avait travaillé M. de Balzac, celle par exemple qui retraçait la visite au domicile du prévenu : « ... Ce fut un moment bien curieux pour un observateur que l'entrée de ces messieurs dans les appartements de Peytel, ce riche étranger, ce notaire inconnu qui était tombé un beau jour dans cette bonne petite ville de Belley avec sa réputation de fortune d'autant plus colossale, qu'on ne le connaissait en aucune façon. Arrivés dans le salon où quelques peintures, quelques dessins modernes assez richement encadrés dans de beaux cadres d'or, se trouvaient distribués avec goût sur une tapisserie rouge qui sans être neuve avait encore de la fraîcheur, ce fut une extase générale sur le luxe de l'ameublement ; M.*** surtout ne pouvait s'empêcher d'admirer, et à chaque pas qu'il faisait on l'entendait s'exclamer : « C'est un mobilier de 40,000 livres de rente ! » — Puis après ces prolégomènes, venant au fait même, Gavarni révélait une confession faite à lui seul par le condamné : « Le 21 août, Peytel m'écrivait : « Le 30 ou le 31, on me trouvera probablement libre ; et si vous venez, nous partirons ensemble pour je ne sais où. » Le 31, j'étais à Bourg au petit jour. Peytel avait été condamné à mort à minuit. Je le vis à onze heures. Il me parla peu. Nous avions là deux témoins, un de ses avocats et le geôlier : « Mon ami, me dit-il, je vais mourir, et..... » En sortant, M. Gui... me fit remarquer cette réticence de Peytel. Si je n'avais pas été là, il se serait ouvert à vous. — De retour à Paris, M. de Balzac me parla du désir qu'il avait de publier quelques observations à propos du procès de Bourg. Muni d'une permission de visiter le condamné, nous partîmes de compagnie. A Bourg, je pénétrai seul et le premier auprès de lui ; et, le regardant en face, je provoquai brusquement sa confiance par quelques paroles nettes et pressantes. Peytel fut d'abord étourdi, ébranlé. Il regarda le geôlier qui s'était mis près de nous ; et il me demanda en latin si je voulais parler cette langue. Je lui dis de parler français et de parler bas. Il me passa un bras autour du cou, et, collant sa bouche à mon oreille, il me dit..... » Cette confession était-elle la vérité était-elle un nouveau mensonge? (1)

1. Au reste, que cette confession soit la vérité ou soit un mensonge, la justice et le jury ont jugé en toute conscience. Peytel,

A ce mémoire soumis au roi était jointe avec cette suscription : *Dernier billet du pauvre condamné pour le roi, le roi seul*, une lettre de Peytel, jetée sans doute par-dessus les murs de la prison, et qui était parvenue à Gavarni par la petite poste. Sur l'enveloppe on lisait ceci :

Ne trompez pas un pauvre malheureux qui s'est confié à vous, qui n'a que vous pour lui être utile, et puisque vous avez rompu la première enveloppe de ce billet, arrêtez-vous; vous violeriez un secret important en allant au delà ; recouvrez ce billet d'une autre enveloppe, et adressez à Gavarni, rue Fontaine-Saint-Georges, à Paris.

La lettre qui suivait, étrange, un peu folle et rabâcheuse en ses commencements, poignante à la fin, écrite d'une petite écriture fine, serrée, régulière, et sans tremblement; cette lettre où le malheureux, riant un instant, faisait allusion à

---

au cas où cette confession serait la vérité, se serait défendu sur un mensonge d'un bout à l'autre des débats. — Nous ne sommes en cette notice qu'éditeurs de pièces inconnues. Nous nous déclarons insolidaires de toutes récriminations et insinuations contenues dans la lettre qu'on va lire.

sa pauvre *Physiologie de la Poire*, Gavarni la crut bonne pour l'attendrissement ; et de cette allusion même, il espéra une impartialité plus bienveillante du roi. Voici cette lettre :

« COMMENCEMENT.

» Employer des moyens autres que ceux employés jusqu'à ce jour est une chose maladroite et imprudente. — Maladroite parce qu'on sanctionne ainsi toutes les erreurs des juges-instructeurs, des magistrats du parquet, et celles des médecins. Or, celles de ces derniers sont *positives en fait à sa connaissance à lui. Il peut* donc bien en juger. — Les erreurs des juges ressortent à chaque page de l'instruction. Il ne s'agit que de lire *sa* correspondance avec les magistrats. — En suivant la procédure depuis le premier jour jusqu'au dernier, la loi à la main, on verra partout que la loi a été évitée quand elle *lui* était avantageuse, qu'on s'est servi contre *lui* de tous les petits moyens de procédure ; ainsi on *lui* a signifié la liste des témoins la veille des débats, dans ces témoins on avait substitué Jaudet, ouvrier, à Jaudet, maître-ouvrier. Ce dernier seul avait été interrogé dans l'instruction. — On avait refusé d'écrire quelque chose qu'il avait déposé en *sa* faveur, on a assigné son frère. Lui n'a vu cela qu'aux débats. On a refusé de vous laisser voir le dossier au greffe, tantôt sous un prétexte, tantôt sous un autre, et nous n'avions pas copie de tout le dossier. — Ainsi donc changer de système serait maladroit; car on perdrait ainsi tous les avantages qu'on peut avoir sur la procédure et sur les médecins. — Ce serait imprudent parce qu'on irait du connu à l'inconnu : ainsi on dirait : Vous avez menti au passé, vous mentez aujourd'hui, *tout ce que la défense a avancé est vrai*. Il faut donc persister et dire simplement, pour prouver combien la défense a été généreuse. Il ne s'agit que de connaître telle lettre, telle déposition, tels faits, dont on pourrait tirer telles conséquences. — Par ce moyen on prouverait de la générosité au passé, on en ferait soupçonner au présent. — On se ferait craindre par ceux qui ont intérêt à voir mort un pauvre malheureux, — en leur faisant savoir que mort, rien ne sera épargné pour réhabiliter sa mémoire, et que vivant, — *banni* ou *déporté*, — on pourra se taire, on obtiendra leur appui par-dessous main, tandis qu'ils sont très-hostiles..... On peut leur faire savoir que l'on a des pièces qui pourraient faire penser *telle chose;* que ces pièces émanent d'eux, sans qu'ils sachent en quoi elles consistent, qu'elles ne sont pas niables par eux : ils craindront; — il faut bien se garder de dire que *la chose soit*, mais qu'il est possible, *très-possible d'y faire croire* : on les aura alors pour soi. — Avec le caractère de *générosité* qu'on veut bien supposer au pauvre malheureux, il faut admettre les conséquences : ainsi, dans un premier moment, il aurait anéanti tout ce qui pouvait prouver ce qu'il voulait *et veut encore nier.* — Si quelques pièces existent encore, c'est qu'elles ont été oubliées dans la précipitation, et que trois autres lettres... n'ont été trouvées qu'après l'hostilité connue des... — Le malheureux peut n'avoir jamais pensé qu'il aurait soif à l'avenir et conséquemment n'avoir gardé *aucune poire*, les avoir au contraire fait disparaître, — et aujourd'hui il ne faudrait pas lui faire perdre, pour *conserver ses jours*, ce qu'il a de beau, de bien, dans ses actions, et on le laisserait perdre s'il avançait *une chose* pareille, qu'il ne pourrait peut-être plus prouver aujourd'hui, mais qu'il peut parfaitement laisser supposer. — *D'après ce que le malheureux sent personnellement*, il suppose tout ce que fait son bon frère G... Il l'en remercie on ne peut plus.

« Il le prie de lui faire parvenir de l'opium en quantité suffisante pour produire *effet complet dans une heure et demi* (sic) *au plus* ; il n'en fera usage que lorsque *tout espoir sera perdu* Lorsqu'on viendra lui mettre la camisole de force, ce qui aura lieu seulement *deux heures avant*, attendu qu'il ne *sera prévenu que deux heures avant*. — Pour lui faire tenir cet opium ou *toute autre matière produisant le même effet*, il faut lui envoyer de suite *une Bible* (*il n'en a pas*) ; cette *Bible* sera reliée à la Bradel ; le carton de la couverture sera entaillé dans divers endroits, recouvert d'un carton mince pour empêcher de sentir les cavités, et ces cavités seront remplies de la matière, qui devra être solide et non liquide, comme on le voit. Ceci est pressé, car il a encore la possibilité de recevoir quelque chose comme une Bible, mais rien autre, et il peut arriver qu'on lui retire cette possibilité. — Pour ne compromettre personne, il laissera un écrit portant ces mots : « Étant à la prison de Belley, je me suis fait apporter une boîte de pharmacie; j'ai pris dedans ce qui m'a servi et je l'ai toujours porté sur moi; cela était caché sous la baudruche qui semblait retenir un taffetas sur des cors que j'ai aux pieds, et par ce moyen on ne l'a pas vu. » — Et, en effet, le malheureux a aux pieds du taffetas retenu par la baudruche. La couverture et le livre seront brûlées (*sic*), attendu qu'on lui fait du feu *une fois* par jour pendant deux heures. — *Il promet de n'en faire usage qu'au dernier moment. Ce sera un vrai service à lui rendre, car il ne servira pas de spectacle à tout un pays et quel spectacle!...* — Déjà il a demandé de l'opium à G...; il croyait que ce dernier lui en avait promis; il le croit encore, et le prie d'envoyer vite.

« Il devra y avoir dans la même couverture un papier explicatif de la nature de la matière et du temps nécessaire pour produire effet complet, et de la quantité à prendre en plus ou en moins *pour arriver au but plutôt* (sic) si cela devait (sic) nécessaire. — On peut envoyer le livre à M..... ou à M....., à Bourg, qui le feront parvenir. M....... vaudrait mieux. — On peut se dispenser d'inscrire le nom de *l'envoyant* sur le registre des messageries. Le premier nom venu fera tout aussi bien. On aura seulement soin d'indiquer que ce livre est pour le malheureux (il ne veut plus écrire son nom). — Il prie avec instance, supplie à genoux G...... de lui faire parvenir ce livre ainsi rangé dans la huitaine au plus tard, autrement il fera du vert-de-gris avec deux boutons en cuivre qui sont à son pantalon. — Il le répète, *il ne fera usage de l'objet envoyé qu'au dernier moment*, il le promet. — Après l'avoir avalé il se confessera et partira. »

Il n'y eut pas décision sur le recours en grâce au conseil des ministres. Le soir Gavarni reçut des mains de M. Teste la lettre de Peytel, et nous lisons sur l'enveloppe, recachetée du cachet du roi, ces mots de la main du roi : *Fidèlement recachetée*. L. P.

« Le roi, — écrit madame d'Abrantès à ce moment, — a été préoccupé quarante-huit heures au point de n'en pas manger ni dormir. Il est demeuré persuadé que Peytel avait tué sa femme par préméditation. »

Le 21, Gavarni apprit que le roi avait rejeté le recours en grâce. Chaque jour il ouvrait le journal avec une curiosité anxieuse, cherchant la nouvelle de l'exécution. Sept jours, — sept jours! — s'écoulèrent sans nouvelle. Enfin le 30 octobre, les journaux de Paris annoncèrent l'exécution capitale. La tête de Peytel était tombée sur la place de Bourg le 28. Contrairement à tout précédent judiciaire, huit jours s'étaient écoulés entre le rejet du recours en grâce et l'exécution. Louis-Philippe, en sa miséricorde, avait-il voulu laisser au condamné le temps de mourir, à l'ami le temps de l'y aider?

FIN.

TABLE

	Pages.
L'ornemaniste P.	1
Victor Chevassier	9
Buisson	25
Nicholson	41
Une première amoureuse	55
Calinot	81
Ourliac	93
Benedict	109
La revendeuse de Mâcon	129
Hippolyte	139
Le passeur de Maguelonne	159
Peters	169
Le père Thibaut	193
Un visionnaire	207

TABLE.

Un comédien nomade............................... 225
L'ex-maire de Rumilly............................. 235
Marius Claveton................................... 251
Louis Roguet 259
Un aqua-fortiste.................................. 267
L'organiste de Langres............................ 287
Madame Alcide..................................... 307
Peytel.. 329

FIN DE LA TABLE.

Paris. — Imp. E. CARIOMONT et V. RENAULT, rue des Poitevins, 6

www.ingramcontent.com/pod-product-compliance
Lightning Source LLC
Chambersburg PA
CBHW050751170426
43202CB00013B/2386